Schatten der Vergangenheit
Trauma liebevoll heilen und innere Balance finden
Dr. med. Dunja Voos

DR. MED. DUNJA VOOS

SCHATTEN
der Vergangenheit

Trauma liebevoll heilen
und innere Balance
finden

Deutsche Erstausgabe 2020
Copyright 2020 © Dr. med. Dunja Voos
Das Werk ist urheberrechtlich geschützt.
Jede Verwertung bedarf der ausschließlichen Zustimmung des Autors. Dies gilt insbesondere für die Vervielfältigung, Verwertung, Übersetzung und die Einspeicherung und Verarbeitung in elektronischen Systemen.

Dr. med. Dunja Voos
Am Zehnthof 11 | 50259 Pulheim
USt. ID: DE253491011
Kontakt: voos@medizin-im-text.de

Publikation:
pure Verlag
Vladislav Kaufman
Königsbergstr. 6 | 97424 Schweinfurt
USt. ID: DE325190422
Kontakt: vk@kauf-cc.net

Covergestaltung und Satz: Wolkenart - Marie-Katharina Wölk, www.wolkenart.com
Bildmaterial: ©Shutterstock.com

ISBN: 978-3-9821762-0-8
Printed by Amazon Distribution

INHALTSVERZEICHNIS

Vorwort 7

Das Trauma 10
    Rangordnung von Traumata 16
    Jedes Trauma ist höchst individuell 19
    Transgenerationale Traumata durch Krieg 20
    Flucht und andere Katastrophen 21
    Das tiefe Kindheits-Trauma: der vorsprachliche Bereich 23
    Die psychischen Folgen früher medizinischer Therapien 25
    Gewalt von Müttern am Baby 27
    Das Kindheits-Trauma im sprachlichen Bereich 29
    Sexueller Missbrauch 31
    Das Monotrauma: Leon und der Reit-Unfall 35

Die Folgen des Traumas und Wege hinaus 37
    Wut und Hass 37
    Selbstmordgedanken und essenzielle Lebensfragen 39
    Isolation und der Weg hinaus 42
    Schuldgefühle verstehen 44
    Zärtlichkeit erlernen 46
    Die Abwehr des Bösen in uns 47
    Körperliche Folgen 53
    Soziale Folgen: Geld und Trauma 55
    Psychische Folgen 56
    Schwere Konflikte 58
    Dissoziation: Wenn wir Denken und Fühlen voneinander trennen 62
    Der traumatische Zustand 63
    Schlaf, Traum und Trauma 68
    Angststörung und Trauma: „Es ist, als wenn ich sterbe" 71
    Adipositas und andere Essstörungen 73
    Traumata reduzieren die Mentalisierungfähigkeit 75
    Enge Innenräume erweitern 78
    Berührungsmangel 81
    Die überwältigende Mutter in mir – Trauma und die „inneren Objekte" 83
    Rein tut's weh und raus tut's weh 85

Der Umgang mit Trauma in der Gesellschaft	**87**
Überall wird getriggert.	87
Und wenn der Trigger die nahe Zweierbeziehung an sich ist? – Beziehungsangst	90
„Und wo bin ich?" – Opfer und Täter erkennen	92
Wohin mit dem Hass, wohin mit der Liebe?	96
Hilfen	**102**
Von Tigern, EMDR und Energie-Befreiung	102
Wie Yoga helfen kann	106
Trauma und Medikamente	107
Was Heilung verhindert	**109**
Von der Lust am Gequältwerden	109
Masochistischer Triumph	111
Die Passivitätsschiene: „Ich will jetzt umsorgt werden!"	116
Leiden mit Biss: Wie Psychoanalyse helfen kann	**120**
Psychoanalyse ist auch Traumatherapie	125
Was darf und was darf nicht in einer Psychotherapie?	127
Übertragungen in der Therapie und im Alltag	128
Psychoanalyse bedeutet „Retraumatisierung in Mini-Schritten"	131
Und was ist mit dem Körper?	134
Keine Angst vor der Wahrheit mehr – über Schuld und Scham	136
Das Trauma heilen: Was hilft?	**139**
Natur hilft	139
Bildung hilft	141
Wärme hilft	146
Jede Sekunde zählt, jeder Tropfen hilft	146
„Enter Zen from there" – Wo mit dem psychischen Aufräumen beginnen?	149
Das Leben mit dem Trauma – Eine Lebensmeditation aus dem Trauma machen	150
Tipps bei traumatischen Anspannungen	**158**
Literatur	**163**

VORWORT

Ich freue mich, dass Sie zu diesem Buch gegriffen haben. Wohl jeder Mensch ist auf seine eigene Weise traumatisiert. Mir ist es ein Anliegen, Ihnen etwas Orientierung in diesem wichtigen und oft undurchschaubaren Gebiet zu geben. Schon lange habe ich nach einer Gelegenheit gesucht, meine Gedanken zum Thema „Trauma" zu bündeln – dies wurde jetzt dank meines Herausgebers, Vladislav Kaufman, möglich.

Als Betroffene weiß ich selbst, wie verloren man sich fühlen kann und wie sich die kraftraubende Suche nach der passenden Psychotherapie anfühlt. Ich habe großes Glück gehabt, dass ich nicht in die „Psychiatrie-Maschinerie" geraten bin, indem mich der Zufall oder der Instinkt direkt zu Psychoanalytikern geführt hat, die sich meiner jahrelang angenommen haben. Zwischendurch ging ich sozusagen in die Mitte, wurde Medizinjournalistin und beleuchtete das Thema lange aus wissenschaftlicher Sicht. Ich las eine Studie nach der anderen und schrieb darüber.

Schließlich kam die Therapeutenseite hinzu: Ich wurde selbst Psychotherapeutin und sammelte Erfahrungen als Ärztin in einer verhaltenstherapeutischen Tagesklinik. Als angehende Psychoanalytikerin in eigener Praxis kann ich nun seit einigen Jahren dank eigener Lehranalyse und mutiger Patienten das Trauma noch einmal aus einer ganz neuen Perspektive betrachten – fernab von Lösungsansätzen, Ressourcen und positivem Denken.

Mithilfe der Psychoanalyse erhalte ich einen Blick in die Tiefen des Traumas – sowohl bei mir selbst als auch bei den Patienten, die sich mir anvertrauen. Je länger ich diese Arbeit mache, desto absurder kommt es mir manchmal vor, wenn irgendwo von „effektiver" und „rascher" Hilfe die Rede ist. Tief sitzende Traumata sind hochkomplex und hochindividuell. Da kann man sich nur mit äußerster Vorsicht und viel Respekt heranwagen. Angesichts des Leids, das viele Menschen erfahren haben, kommen mir „therapeutische Strategien" oder „Behandlungen nach Anleitung" enorm leer vor.

Heute geht der Trend zu kurzen Behandlungseinheiten, zu Medikamenten und – wenn „alles" nicht hilft – auch wieder zur Elektrokrampftherapie (EKT) hin. Doch wenn es heißt, der Patient hätte schon „alles" versucht, ist die Psychoanalyse (in Form einer Langzeittherapie) nur selten in der Auflistung dabei.

In diesem Buch spreche ich sehr viel über die Psychoanalyse, weil ich sie selbst für das wirksamste Verfahren bei tiefgreifenden Traumata halte. An einigen Stellen können Sie „Psychoanalyse" gedanklich auch durch die Begriffe „intime Beziehung" oder „intensive Psychotherapie" ersetzen.

Ich möchte Sie nicht entmutigen, wenn ich schreibe, wie gut die Psychoanalyse wirken kann, Sie selbst aber aus den unterschiedlichsten Gründen keine Psychoanalyse machen können oder wollen. Es führen viele Wege nach Rom.

In der Fernsehdokumentation „Meerjungfrauen" (Canada, 2018, Ali Weinstein) wird gezeigt, wie zwei schwer traumatisierte Menschen ihre persönliche Heilung in der liebevollen Partnerschaft und im Schwimmen im Meerjungfrauen-Anzug fanden. Dabei wird deutlich, wie wichtig es ist, ein eigenes Projekt zu haben, einen Traum zu verfolgen und wirklich etwas zu wollen. Die Liebe, das Getragenwerden im Wasser und das Gehaltensein durch die Schwanzflosse wirkte auf diese Betroffenen enorm befreiend und nachhaltig heilsam.

Obwohl ich in diesem Buch vorrangig aus psychoanalytischer Sicht über das Trauma schreibe, werde ich zahlreiche andere Traumatherapien aufzeigen, wobei ich insbesondere den Körper in die Betrachtung miteinbeziehe, denn die Körpererfahrungen sind ein wichtiger Bestandteil des Traumas und dessen Behandlung. Schon Sigmund Freud (1923) hatte die grundlegende Bedeutung des Körpers erfasst und schrieb: „Das Ich ist vor allem ein körperliches."

Besonders wichtig erscheint es mir dabei auch, die Einsamkeit und die innere Leere zu betrachten und vielleicht etwas Erfüllendes für sich zu finden. Vielleicht finden Sie die Erfüllung unter anderem in der intensiven Suche nach der Wahrheit.

Ich hoffe, Ihnen in diesem Buch neue Denkanstöße zu geben. Vielleicht fühlen Sie sich hier und da verstanden, vielleicht mögen Sie mir aber an manchen Stellen auch entschieden widersprechen, weil Sie ganz andere Erfahrungen gemacht haben. In meinem Blog www.medizin-im-text.de finden Sie unter dem Stichwort „Trauma" einiges aus diesem Buch wieder – dort können Sie gerne Kommentare schreiben und sich über dieses Buch hinaus weiter informieren.

Aus Gründen der besseren Lesbarkeit verzichte ich auf das Gendern und meine immer auch das andere Geschlecht. Ebenso schreibe ich sehr oft von der „Mutter". Sie ist eben – auch wenn sie fehlte! – die bedeutsamste Person im Leben der meisten Menschen. Das Wort „Mutter" kann jedoch an vielen Stellen auch durch den Ausdruck „die nahestehendste Bezugsperson" ersetzt werden.

Nun wünsche ich Ihnen viel Freude beim Lesen dieses Buches.

DAS TRAUMA

„Was wäre denn das Schlimmste, was Sie sich vorstellen können?", fragt die junge Therapeutin einen älteren Patienten, der mit großer Angst vor ihr sitzt. Sie hatte in ihrer Ausbildung gelernt, dass man mit dieser Frage Angst reduzieren könne, denn meistens kämen die Menschen zu dem Ergebnis, dass das, was am Ende der Befürchtungen steht, letzten Endes gar nicht so schlimm ist.

Der Patient schaut die Psychotherapeutin bei dieser Frage hoffnungslos an. Ihm fehlen die Worte. Er leidet unter einer namenlosen Angst. Er hat so Unvorstellbares erlebt, dass es sich die junge Therapeutin in ihren kühnsten Träumen nicht vorstellen könnte.

„Es gibt die Hölle", denkt der Patient. Doch er spürt, dass die junge Frau, die ihm da gegenübersitzt und helfen will, keine Ahnung davon hat, was mit einem Menschen geschehen kann. Oder aber sie hat Ahnung, konnte aber selbst noch nicht an ihre eigene Wunde herankommen. Der Patient antwortet: „Ich weiß nicht …", ständig antwortet er so. Die Therapeutin notiert: „Patient arbeitet schlecht mit. Fehlende Motivation. Für unser Behandlungskonzept geeignet?"

Gespräche wie diese habe ich oft miterlebt oder von Patienten erzählt bekommen. Sie zeigen mir, dass gerade auch in der Welt der Psychotherapie nicht immer ein Verstehen in der Tiefe vorhanden ist.

Das „Trauma" – es ist ein großes Wort und unzählige Vorstellungen hängen daran. Das Wort stammt aus dem Griechischen und bedeutet „Wunde". Das Trauma, also hier im Sinne von psychischer Verletzung, kennen wir aus Filmen: Da gibt es ein traumatisches Erlebnis, einen Unfall, einen Überfall, eine Explosion. Danach wird das Opfer immer wieder getriggert: Wenn es Situationen sieht, die dem dramatischen Geschehen gleichen, hat das Opfer wiederkehrende Bilder im Kopf, sogenannte „Flashbacks". Der Betroffene macht dann eine Traumatherapie und alles wird besser.

Nicht selten werden Traumata relativ simpel dargestellt. Da kommt die Patientin in die Klinik und gibt an, sie sei von ihrem Onkel missbraucht worden. Und schon scheint alles klar zu sein. Die Ursache scheint offensichtlich, die Therapie kann beginnen. Ob im Film oder im Klinikalltag: Mir kommt das Bild, das von „Trauma" vorherrscht, oft sehr vereinfacht vor. Du brichst dir seelisch ein Bein, kommst in eine trauma-therapeutische Spezialklinik, leidest unter Flashbacks, kommst dann aber wieder auf den Weg der Besserung.

Wenn das so einfach wäre! Solche Darstellungen haben oft nur wenig mit der Realität zu tun. Wenn ich von Patienten höre, welch unsägliches Leid sie erfahren haben und sie mir dann erzählen, dass ihnen lediglich progressive Muskelentspannung empfohlen wurde, dann kommt in mir fast so etwas wie eine Scham für die Psychotherapie auf. Wenn ich Berichte von Folteropfern höre, dann möchte ich gar nichts mehr sagen oder empfehlen. Ich möchte dann nur noch zuhören – und still sein.

Wenn wir aus psychoanalytischer Sicht von „Trauma" sprechen, meinen wir in den wenigsten Fällen *das* „Trauma". Es bedeutet in den wenigsten Fällen ein umschriebenes Ereignis, das zu logischen und nachvollziehbaren Symptomen führt und das durch Konfrontation und eine relativ kurze Traumatherapie bearbeitet werden kann. Wenn es sich um ein so umschriebenes Geschehen handelt, sprechen Psychotherapeuten von einer „einfachen posttraumatischen Belastungsstörung" (PTBS).

Das Trauma, um das es hier im Buch gehen soll, ist eine fortgesetzte Reihe von unzähligen, schweren, psychischen Verletzungen, die bereits in der Kindheit erlitten wurden und sich bis ins Erwachsenenleben hinein wiederholten und fortsetzten.

Schon der Begründer der Psychoanalyse, Sigmund Freud, schrieb im Jahr 1910: „Es war nicht immer ein einziges Erlebnis, welches das Symptom zurückließ, sondern meist waren zahlreiche, oft sehr viele ähnliche, wiederholte Traumen zu dieser Wirkung zusammengetreten." (Freud, 1910)

Das Ergebnis dieser vielen Traumata nennt sich „komplexe posttraumatische Belastungsstörung" (kPTBS). Auch wer eine „frühe Störung", eine Borderline-Störung, eine Schizophrenie oder eine „Grundstörung" (Balint, 1979) hat, der hat meistens mit den Folgen schwerer Traumatisierungen zu kämpfen. Gerade Kinder sind höchst anfällig für Traumata, weil sie noch kein festes „Ich" haben. Schon allein, wenn die Mutter die Signale des Babys nicht gut verstehen kann, sodass das Kind ständig an einem „Nichtpassen" zur Mutter leidet, kann dies wie eine Reihe traumatischer Erfahrungen wirken.

> Es geht um zahlreiche „Mikrotraumatisierungen" in der Kindheit, die durch ihre Vielzahl zu einem Riesen-Trauma-Berg wurden. Oft können die Betroffenen gar nicht sagen, was „das Trauma" genau war - bei vielen gibt es noch nicht einmal ein schlimmes Ereignis, an das sie sich erinnern könnten und dennoch weisen sie alle Anzeichen einer schweren Traumatisierung auf.

Der Psychoanalytiker Gottfried Fischer und der Kinderpsychiater Peter Riedesser (2009) teilen den Begriff „Trauma" auf und sprechen von der traumatischen Situation, die zu der Verletzung führte, der traumatischen Reaktion, mit welcher der Betroffene akut reagierte und dem traumatischen Prozess, den der Betroffene möglicherweise sein Leben lang durchläuft, um das Trauma zu verarbeiten.

„Aber bei mir war da ja gar nichts!", sagt eine Patientin, die psychisch schwer leidet, sich aber nicht an Gewalt in der Kindheit erinnern kann. Doch genau dieses „da war ja gar nichts" kann zu einem großen Problem werden. Bei manchen geht es um das Trauma des Alleingelassenwerdens und der Verwahrlosung in der Kindheit. Die Betroffenen leiden unter einer unbeschreiblichen, inneren Leere oder wiederkehrenden Anfällen großer Angst, ohne dass sie einen Auslöser festmachen könnten.

Wir sprechen über wabernde Atmosphären im unguten Zuhause, wo niemand so genau weiß, was da eigentlich passiert ist. Wir schauen uns Rätselhaftes, „verdorbene Lebensläufe", Einsamkeit, Geldnöte, erbärmliche Bildungsmöglichkeiten und großes, oft verstecktes Leid an. In diesem Buch es geht auch um das frühe Beziehungstrauma zwischen Mutter und Kind, das es den Betroffenen später oft extrem schwermacht, befriedigende Beziehungen zu führen. Es geht um die Hilflosigkeit, die daraus entsteht und um mögliche Wege heraus aus dem Sumpf.

> Traumatisierte Menschen sagen oft „ich weiß nicht" oder sie sprechen von „das", womit sie gleichzeitig ihren furchtbaren, inneren Zustand und die Erinnerungen meinen.

„Das kommt immer wieder. Wenn das dann da ist, fühle ich mich wieder wie früher." So könnte ein typischer Satz eines traumatisierten Menschen lauten. Wenn man fragt: „Was meinen Sie denn mit „das"? Können sie es genauer beschreiben?", dann können die Betroffenen nur wenig dazu sagen. „Das komische Gefühl da", sagen sie vielleicht.

Oft kann man „das" auch durch „es" ersetzen. „Es" ist zum einen das unbeschreibliche Geschehen, zum anderen ist es aber auch unser Unbewusstes. Nach Sigmund Freud besteht unsere Psyche aus einem steuernden „Ich", einem „Über-Ich", also sozusagen dem Gewissen, und dem „Es", womit unter anderem die Triebe und das Unbewusste in uns gemeint sind. Im Unbewussten liegen sowohl unsere verdrängten Erinnerungen als auch „Teile" unserer

Psyche, die schon immer unbewusst waren und uns nie bewusst geworden sind.

Zu den Zielen der Psychoanalyse gehört dieser Satz, den Sigmund Freud 1933 in seiner 31. Vorlesung formulierte: „Wo Es war, soll Ich werden." So kann der Betroffene wieder etwas mehr Herr seiner Selbst werden.

Vielleicht gehören Sie auch zu den Betroffenen, die manchmal zur Einsamkeit verdammt zu sein scheinen. Vielleicht litten Sie schon unter Kindergarten- und Schulangst und haben heute Schwierigkeiten, Ihre beruflichen Ziele zu erreichen. Es fällt Ihnen vielleicht schwer, Ihre Aggressionen zu kontrollieren und sich emotional oder körperlich berühren zu lassen.

Zärtlichkeit ist etwas, das Sie sich ersehnen, doch was Sie vielleicht nur relativ selten erleben. Vielleicht begeben Sie sich immer wieder verzweifelt auf die Suche nach Hilfe, ohne wirklich zufriedenstellende Hilfe zu finden. Obwohl unser Gesundheitssystem von Hilfsangeboten nur so wimmelt, verlieren Sie sich vielleicht in den vielen Möglichkeiten und fühlen sich immer wieder erneut alleingelassen.

Viele Betroffene versuchen es mit Meditation, Bewegung und Sport, mit spezifischen Traumatherapien aller Art, mit Massage, mit dem Eintritt in eine religiöse Gemeinschaft und vielem mehr. Doch was im Grunde oft fehlt, ist eine vertrauensvolle und langjährige Beziehung zu einem Menschen, der das Thema „Trauma" zutiefst verstanden hat und über professionelles Wissen und Techniken zur Linderung des Leidens verfügt. Hier kann gelten, was der arabische Psychoanalytiker Gehad Mazarweh (2015) in einem Radiobeitrag sagte: „Trauma ist nicht zu behandeln. Wer einmal diese Schädigung erfahren hat, wird sich niemals in diesem Leben zurechtfinden. Nie."

Das hat etwas Erschreckendes, aber auch Tröstliches: Der Traumatisierte, der denkt: „Hab ich's denn immer noch nicht begriffen?", kann von seinem

„Erfolgsdruck" befreit werden, wenn er weiß, dass sich manches wirklich nicht beheben lässt. Und doch möchte ich Ihnen mit diesem Buch natürlich auch Hoffnung machen, denn die Gefühlswelt kann sich im Laufe des Lebens stark verändern.

Sigmund Freud schrieb 1916, dass die Menschen regelrecht in ihrem Trauma feststecken und gibt ein Beispiel von zwei Patienten: „Beide Patienten machen uns den Eindruck, als wären sie an ein bestimmtes Stück ihrer Vergangenheit fixiert, verständen nicht, davon freizukommen und seien deshalb der Gegenwart und der Zukunft entfremdet. Sie stecken nun in ihrer Krankheit, wie man sich in früheren Zeiten in ein Kloster zurückzuziehen pflegte, um dort ein schweres Lebensschicksal auszutragen."

Und dennoch würde ich sagen, dass das eine, das Trauma, nie vergeht und doch etwas zweites, eine Heilung, entstehen kann. Es entstehen sozusagen zwei Ebenen, die miteinander kommunizieren: Die Erschütterung wird langsam zu einer Ebene, die sich mit mehr Abstand zeigt und daneben wächst eine gesunde Ebene, in der man sich zunehmend einrichten kann.

Heilung besteht für mich darin, dass man von der gesunden Ebene aus mit dem Trauma kommunizieren kann und oft auch umgekehrt: Wenn man im traumatischen Zustand feststeckt, dann ist das „Gesunde" nicht mehr so weit weg – es ist greifbarer, denkbarer, fühlbarer und stellt sich schneller wieder ein. Man kann das traumatische Erleben sozusagen von innen heraus beobachten.

Ein tief sitzendes Trauma, das einem das Leben sehr erschwert, ist fast immer durch schreckliche Beziehungserfahrungen und Gewalt entstanden. Sich allein hinzusetzen und zu meditieren, kann viel bewegen, doch es ist meistens schwierig, ein Beziehungstrauma nur aus eigener Kraft zu lindern. Wie auch immer Heilung aussehen mag: Für jeden bedeutet sie vielleicht etwas anderes und jeder findet seine eigenen Helfer und seinen eigenen Weg.

Rangordnung von Traumata

„Meine seelische Verletzung ist schlimmer als deine", mögen wir insgeheim denken, wenn wir wieder sehr verzweifelt sind und ein anderer von seinem Leiden erzählt. Doch geht das eigentlich? Gibt es sozusagen eine „Rangordnung" unter den Traumata?

> Die Antwort ist relativ einfach: Das eigene Trauma ist immer das schlimmste.

Jeden Tag müssen Sie selbst mit dem zurechtkommen, was Sie erlebt haben. Es sitzt in Ihrem Körper, in Ihren Erinnerungen, in Ihrem täglichen (Er-)Leben und es ist sehr individuell. Jedes Trauma ist einzigartig – daher ist es für viele auch so schwierig, sich einer Selbsthilfegruppe anzuschließen oder andere Menschen zu finden, denen es genauso geht. Denn jeder hat etwas anderes erlebt und es hängt von vielen Faktoren ab, wie schwer sich das traumatisch Erlebte auswirkt.

Beispielsweise verbirgt sich hinter dem allgemeinen Begriff „sexueller Missbrauch" eine ganze Palette von Möglichkeiten: Wer war der Täter? War es eine fremde oder eine nahestehende Person? Spielten Drogen- und Alkoholmissbrauch eine Rolle? Litt das Opfer zusätzlich unter Verwahrlosung in Armut oder Wohlstandsverwahrlosung? Erfuhr das Opfer „nur" grenzüberschreitende Worte oder anzügliche Berührungen oder gar Penetrationen? Wie lange dauerte der Missbrauch? Welche Bedeutung hat das Geschehen für das Opfer selbst? Konnte der Betroffene dennoch eine eigene Familie gründen und blieb er arbeits- und genussfähig?

Die Antwort auf diese Fragen fällt bei jedem Betroffenen anders aus und das ist auch der Grund, warum sich die meisten schwer traumatisierten Menschen so einsam fühlen. Ein Betroffener sagt: „Obwohl ich schon lange eine Selbsthilfegruppe für Opfer sexuellen Missbrauchs besuche, habe ich immer das Gefühl, dass die anderen mich doch nicht so ganz verstehen. Bei mir war es eben ganz anders."

Sicher spielt auch die Dauer der traumatischen Einwirkung eine Rolle. Wer jahrelang auf der Flucht war, Krieg und Vertreibung erlebte, der hat ein anderes Trauma als jemand, der am 11. September 2001 in New York war. Und doch können sich die Betroffenen einer jeden Erfahrung am Ende wie zerstört oder aber auch wie zum Glück irgendwie verschont und heilgeblieben erleben, je nachdem, wie die Umstände und Vorerfahrungen waren.

Wie viel Gewalt von einem anderen Menschen ausging, ob man selbst eine stützende Familie hat, ob man eine gute Kindheit hatte oder nicht – all das fließt in die Verarbeitung eines Traumas mit ein. Traumata lassen sich niemals miteinander vergleichen. Häufig geht es nach den traumatischen Ereignissen um die Frage: Wem kann ich noch vertrauen und wie ist mein Bild von der Welt und den Menschen? Wie traumatisch eine Erfahrung erlebt wird, hängt unter anderem davon ab, in welchem Ausmaß das Leid durch andere Menschen entstand und ob sie uns nahestanden oder nicht.

Ein Erdbeben kann beispielsweise höchst tragisch sein – Menschen können dadurch Angehörige, ihr Hab und Gut und auch ihr Zuhause verlieren. Das Leid ist nur für jene nachvollziehbar, die so etwas selbst einmal erlebt haben. Doch ein Erdbeben ist eine Naturgewalt, für die niemand etwas kann. Der Betroffene selbst und die engen Beziehungen, die er hat, bleiben oft auf eine gewisse Art frei von tiefen Beziehungsverletzungen. Die Beziehungen können zwar unter den Folgen des Bebens erheblich leiden, doch gegen eine Naturgewalt kommt der Mensch einfach nicht an und dieses Wissen kann etwas Versöhnliches haben. Andererseits könnte man sagen: „Wenn selbst Mutter Erde sich gegen uns wendet – was kann es Schlimmeres geben?"

Opfer eines Gewaltaktes, z. B. einer Vergewaltigung, zu werden, ist unbeschreiblich, doch wenn der Täter ein Fremder war, kann das bedeuten, dass die bisherigen vertrauten Beziehungen nach der Verarbeitung der anfänglichen Erschütterung weiterhin gut funktionieren können. Opfer von sexueller Gewalt durch den Ehemann oder einen nahen Verwandten zu sein, hat meistens eine andere Ausprägung. In beiden Fällen wird die Grenze des eigenen Körpers verletzt, doch für viele Opfer ist es entwürdigender und schwerer zu ertragen, wenn der Täter ein Nahestehender war.

Auch bei einem einmaligen Überfall durch einen Fremden ist das Opfer zutiefst verunsichert, schwer verängstigt und mit körperlichen und seelischen Folgen beschäftigt, doch die Beziehungsfähigkeit kann im Grunde erhalten bleiben, auch wenn Misstrauen gewachsen und das Vertrauen in die Welt und die Mitmenschen erschüttert ist.

Doch wenn das Opfer schon vor dem Ereignis unter ungünstigen Verhältnissen litt und in unsicheren Bindungen groß geworden ist, kann hier erheblicher Schaden entstanden sein. Durch das Gefühl, nie wieder da rauszukommen, was geschehen ist, haben viele Betroffene immer wieder Suizidgedanken. Das Trauma in ihnen ist „unsterblich" und kann sozusagen nur beendet werden, indem der ganze Mensch stirbt, so der Gedanke.

Wenn der Täter ein nahestehender Mensch war, z. B. der Vater oder die Mutter, dann wird das Opfer in seinen Grundfesten erschüttert. Insbesondere wenn die Mutter in der frühen Kindheit traumatisierend einwirkt, ist das verheerend, denn sie hat einen entscheidenden Einfluss auf die psychische Entwicklung ganz zu Beginn unseres Lebens.

Wie das Kind die Welt sieht, hängt ganz besonders davon ab, wie sich die frühe Beziehung zur Mutter gestaltete. Meistens ist es die Mutter, die uns am nächsten steht – ob im positiven oder im negativen Sinne. Schließlich haben wir neun Monate in ihrem Leib verbracht.

> Wenn die eigene Mutter sich gegen einen richtet, dann ist es für die Psyche mit das Schlimmste, was passieren kann, denn die ursprünglichste aller Beziehungen und die eigene Person werden dadurch in ihren Grundfesten angegriffen und beschädigt. Hier entsteht bei den Betroffenen oft das Grundgefühl, dass die Welt ein unheilvoller Ort und das Leben sinnlos ist.

Wenn wir also nach der Rangfolge der Schwere von Traumata fragen, lässt sich in gewisser Weise sagen: Je weiter das Trauma weg ist von der engen Beziehung zu einem nahestehenden Menschen, desto weniger tiefgreifend wird es unter Umständen erlebt, auch wenn bei jeder Form von Trauma die Erschütterung extrem tief sitzen und sich lebenslang auswirken kann. Jedes Trauma kann prinzipiell komplett zerstörend wirken.

Jedes Trauma ist höchst individuell

Hinter dem Begriff „Trauma" verbergen sich höchst unterschiedliche Erlebnisse. Die Welt der Traumata ist so vielfältig, wie wir es uns in unseren kühnsten Phantasien kaum ausmalen mögen. Die Geschichten, die Geflüchtete und Kriegsgeschädigte manchmal erzählen, sprengen jede Vorstellung. Einmal behandelte ich eine Patientin, die in ihrer Ursprungsfamilie im Ausland so gequält wurde, dass ich mich nach den Sitzungen lange erholen musste. Dass auch Therapeuten durch die Geschichten der Patienten auf eine gewisse Art traumatisiert werden können, ist lange bekannt.

Mit diesem Kapitel möchte ich aufzeigen, wie schwierig es ist, den Begriff „Trauma" einzugrenzen. Immer wieder begegnen mir Patienten, die mich fragen: „Können Sie mir eine Klinik empfehlen, die auf Trauma spezialisiert ist?"

Mit „Traumaspezialisierung" ist häufig gemeint, dass die Kliniken oder Therapeuten bestimmte Therapiemethoden anwenden, wie z. B. das Eye Movement

Desensitization and Reprocessing (EMDR), die Traumafokussierte kognitive Verhaltenstherapie (Tf-KVT), Tension and Trauma Releasing Exercises (TRE) sowie Imaginationsübungen.

Ich antworte auf die Frage nach einer Empfehlung dann meistens so: „Aus meiner Sicht ist jedes Trauma so individuell und so tiefgreifend, dass ich Ihnen raten würde, sich einen Psychotherapeuten zu suchen, bei dem Sie sich verstanden fühlen und bei dem Sie sich eine Therapie über einen langen Zeitraum vorstellen können."

Transgenerationale Traumata durch Krieg

Im Laufe meiner Arbeit sind mir einige Familien begegnet, die sich mit den Folgen des zweiten Weltkrieges beschäftigten. Auffallend war nicht selten, dass diejenigen, die selbst den Krieg miterlebt und überlebt! hatten, häufig ein hohes Lebensalter erreicht hatten. Trotz aller Qualen im Krieg wurden die Betroffenen 80, 90 Jahre oder sogar älter. Hingegen wurden ihre Kinder manchmal nur halb so alt, obwohl sie in friedlichen Zeiten aufwuchsen. Wie lässt sich das möglicherweise erklären?

Viele der alten Leute erzählten, dass sie in intakten Beziehungen groß geworden waren, bis der Krieg ausbrach. Sie selbst hatten also möglicherweise noch einen weitgehend gesunden Frühstart ins Leben, auch wenn sich die schweren Zeiten schon anbahnten. Durch die schweren Traumatisierungen, die sie im Krieg erlitten hatten, wurden sie jedoch häufig zu Eltern, die sich aufgrund von posttraumatischen Belastungsstörungen nicht mehr ihren eigenen Babys so widmen konnten, wie Babys es normalerweise bräuchten.

Heute weiß man, dass schwere, frühkindliche Beziehungsstörungen zur Mutter traumatisierend wirken und dass dadurch auch die Chromosomen so verändert

> werden können, dass die Lebenszeit verkürzt wird. Durch frühe Misshandlungen werden die sogenannten Telomere verkürzt, die schützenden Enden der Chromosomen, wodurch sich die Lebenszeit verkürzen kann (Tyrka, 2010).

Die Wissenschaftler Kjerstin Almqvist und Anders Broberg (2003) untersuchten Mütter und Kinder nach dem Kosovo-Krieg. Sie stellten fest, dass die Mütter sehr zerbrechliche Vorstellungen („Repräsentationen") von sich selbst hatten, aber auch von der Mutter-Kind-Zweierschaft. Die Mütter hielten sich nicht mehr für fähig, ihre Kinder zu schützen. Die Kinder hingegen zeigten infolge der Kriegserfahrungen ein erhöhtes Bindungsbedürfnis, das die traumatisierten Mütter wiederum als bedrohliche Trigger empfanden. Sie konnten sich somit nicht mehr aufmerksam ihren Kindern zuwenden.

Die Kinder der Kriegstraumatisierten wurden also schon oft im Säuglingsalter durch ihre kriegsgeschädigten Mütter traumatisiert. Sie schleppten das Trauma des Krieges sozusagen in unsichtbarer Form mit und zwar von Anfang an. Süchte und Suizid oder Krebs- und Herz-Kreislauf-Erkrankungen führten dann bei den Kindern der Kriegstraumatisierten dazu, dass sie früher starben als ihre Eltern, die selbst das Kriegstrauma direkt erlebt hatten, aber die sozusagen noch mit der Basis von gesunden frühen Erfahrungen groß geworden sind. Ob man diese Schlüsse wirklich so ziehen kann, ist natürlich fraglich. Zu viele Faktoren spielen bei der Frage nach der Kriegstraumatisierung eine Rolle. Diejenigen, die im Krieg starben, war das, was sie erlebten, direkt tödlich.

Flucht und andere Katastrophen

In diesen Zeiten sind wir immer wieder mit dem Thema „Flucht" konfrontiert. Vielleicht sind Sie selbst betroffen, vielleicht haben Sie Bekannte, die auf der Flucht waren. Es gibt Menschen, die kommen völlig „kaputt" hier an, was oft die Folge der unvorstellbaren Erlebnisse auf der Flucht ist. Andere wiederum erholen sich erstaunlich schnell; sie sehen schon nach kurzer Zeit relativ gesund aus, erlernen die Sprache rasch und fühlen sich ermutigt, etwas Neues aufzubauen.

Diese Unterschiede rühren nicht immer nur vom Ausmaß des Schrecklichen auf der Flucht her, sondern auch daher, wie die Menschen schon vorher in ihrem Heimatland gelebt haben. Stammen die Menschen aus sicheren Bindungen in der Familie? Oder erlebten sie selbst in ihrer Familie schon Gewalt? Wie bedroht waren sie insgesamt vorher? Wie viele Bildungsmöglichkeiten hatten sie schon vorher und welchen Bildungsstand hatte die Familie vor der Flucht?

> Wie traumatisch ein aktuelles Trauma wirkt, hängt fast immer auch von der Vorgeschichte des Einzelnen ab. Natürlich kann ein Trauma so zerstörend wirken, dass es den Betroffenen letzten Endes das Leben kostet. Doch in den meisten Fällen hängen die Folgen des aktuellen Traumas eng zusammen mit der Lebensgeschichte und den Beziehungen, die der Betroffene schon vor dem entsetzlichen, aktuellen Erleben hatte.

Auch bei Opfern des 11. September lässt sich gut ablesen, in welcher psychischen Grundverfassung die Betroffenen möglicherweise vor dem Trauma gewesen sind. Selbst einige, die alles hautnah miterlebten und ihre engsten Angehörigen verloren haben, konnten erstaunlich konstruktiv und kreativ ihr Leben weiterleben, wenn sie zuvor überwiegend gute Beziehungserfahrungen gemacht haben und von größeren Traumata in der Kindheit verschont waren.

Trotz der ungeheuren Trauer und Wut, trotz der Flashbacks, trotz der Alpträume können sie von dem traumatischen Ereignis so berichten, dass auch der Zuhörer das Gefühl hat, es ist nicht alles verloren. Hingegen ist es oft schwer auszuhalten, wenn Opfer erzählen, die schon vor dem 11. September möglicherweise chronisch depressiv oder traumatisiert waren. Diese Zusammenhänge müssen nicht zwangsläufig so sein, aber sie sind es sehr oft.

Das tiefe Kindheits-Trauma: der vorsprachliche Bereich

Traumata sind meistens nicht leicht einzugrenzen. Sie fangen oft in der Kindheit an und setzen sich dann wie eine Perlenkette fort. Wenn zwei Menschen ein- und denselben Unfall erleben, dann kann der eine „schwer traumatisiert" werden, während der andere sich einige Wochen nach dem Unfall wieder erholt hat.

Derjenige, der schwer traumatisiert ist, ist wahrscheinlich ein Mensch, der schon früh traumatisiert wurde und immer wieder Schlimmes erlebt hat. Ein Unfall kann dann alle möglichen Erinnerungen und Körperzustände wachrufen, sodass es sich anfühlt, als sei der Unfall wie ein neues Kettenglied auf der Kette der Traumata dazugekommen. Wichtig ist natürlich auch, welche Bedeutung ein Trauma für den Einzelnen persönlich hat: Ein Musiker, dessen Lebensinhalt das Geigenspiel ist, wird durch den Verlust des kleinen linken Fingers möglicherweise in eine suizidale Krise geraten.

> Mit zu den schlimmsten Traumata, die ein Mensch erleben kann, gehört Gewalt im Säuglingsalter, bevor der Betroffene sprechen kann. Er kann die Gewalt im Säuglingsalter nicht verarbeiten – er kann sich später nicht bewusst erinnern, er hatte noch keine Worte und noch kein Denken, das es ihm ermöglicht hätte, die Gewalt in irgendeiner Form zu bewältigen. Es gibt keine Erzählungen und kaum Bilder dazu.

Menschen, die Gewalt im Säuglingsalter erfahren haben, haben ihre Erinnerungen nur im sogenannten impliziten Gedächtnis abgespeichert. Während wir normale Erinnerungen als Bilder und Worte hervorholen können, sind uns die impliziten Erinnerungen nicht bewusst.

Heute geht man jedoch davon aus, dass diese Erinnerungen quasi im Körper eingespeichert sind, was auch als „Embodiment" bezeichnet wird (Leuzinger-Bohleber, 2015). Die Betroffenen gehen zum Beispiel durch die Stadt, fühlen sich auf einmal eingeengt und müssen sich plötzlich hinsetzen, weil ihnen übel geworden ist. Wenn man sie fragt: „Was hast Du?", dann können sie nicht antworten, weil sie sich bewusst an nichts Konkretes erinnern können. Doch die Enge in der Stadt hat ihren Körper möglicherweise an die Enge in der Kinderzeit erinnert, als die Gewalt passierte.

> Die frühen Traumata stellen sich im Leben der Betroffenen immer wieder dar. Die Betroffenen müssen sie „reinszenieren", das heißt, sie stellen immer wieder Situationen mit anderen her, die auf gewisse Weise an das Trauma erinnern, die aber niemand wirklich fassen kann.

Beispielsweise können die Betroffenen dadurch auffallen, dass sie immer wieder in unverständlicher Weise mit anderen Menschen umgehen. Sie behandeln andere Menschen vielleicht so, dass sich diese völlig in die Ecke gedrängt fühlen. Oder aber sie selbst lassen sich so behandeln, dass ihnen die Luft zum Atmen fehlt. Sie benehmen sich unterwürfig, schützen sich nicht und holen sich bildlich gesprochen noch mehr Schläge ab.

Immer wieder kommt es zu kämpferischen und ausweglosen Beziehungen, die sich niemand erklären kann. Dabei gibt es oft „viel Lärm um Nichts" mit viel Geschrei. Das Schreien und verzweifelte Bohren am anderen führt zu nichts, wird von den Betroffenen aber oft wie ein Schmerzmittel empfunden. Die ganze Streitsituation erinnert sie unbewusst an unerträgliche Zustände und Kämpfe in der Kindheit. Nach der Auseinandersetzung mit dem anderen scheint dann alles zerstört. Nicht selten ziehen sich die Betroffenen dann resigniert in die Isolation zurück.

So sind manchmal auch noch die Gewalt und die Verwahrlosung, die die Betroffenen erlebten, auf eine gewisse Art immer wieder zu spüren und zu sehen.

In der Psychoanalyse wiederholen sich in der engen Beziehung zum Psychoanalytiker die Dinge, die der Patient sehr wahrscheinlich in seiner frühen Kindheit erlebt hat (Ferenczi, 1934). Dadurch wird es möglich, die Vergangenheit zu rekonstruieren und Zusammenhänge sichtbar zu machen. Wichtig dabei ist, dass die Rekonstruktion der Vergangenheit nicht unbedingt zu 100 % stimmen muss, doch wenn die Betroffenen nun eine Geschichte erzählen können, die möglicherweise der Wahrheit sehr nahekommt, können sie mit sich selbst und mit anderen über ihre schwer fassbare Vergangenheit kommunizieren. Das wirkt oft erleichternd und beruhigend.

Die psychischen Folgen früher medizinischer Therapien

„Dieser Patient ist nun schon das dritte Mal hier in der Psychiatrie", erzählt mir eine Kollegin entnervt. „Wir können uns das überhaupt nicht erklären! Er kann nicht arbeiten gehen, ist immer sofort am Ende seiner Kräfte und leidet unter Selbstmordgedanken. Dabei hatte er eine gute Kindheit, er lebt in einer ganz normalen Familie und muss nun Frührente beantragen. Es ist uns ein Rätsel."

Gleich dachte ich, dass vielleicht etwas in seiner frühen Kinderzeit passiert ist, woran einfach noch nie jemand gedacht hat. Ich fragte den Patienten, ob er vielleicht nach der Geburt länger im Krankenhaus bleiben musste, ob er ein Frühchen war oder Operationen über sich ergehen lassen musste. Er verneinte alles.

Dann erzählte er von Problemen mit der Wirbelsäule und von Spitzfüßen und ich fragte ihn, ob er wisse, ob er als Baby Krankengymnastik erhalten habe. Ja, das habe er, sagte er. Seine Mutter habe ihm davon erzählt. Auf genauere Nachforschungen hin wurde klar, dass dieser Patient intensiv und sehr lange die Vojta-Therapie erhalten hatte – eine Form der Krankengymnastik, bei der die Babys in Zwangspositionen gebracht werden, aus denen sie dann zu bestimmten Bewegungen gezwungen werden, indem die Therapeutin bzw. die Mutter selbst bestimmte Reflexpunkte drückt.

Die Mutter erlernt von der Krankengymnastin die Vojta-Therapie und führt sie bei ihrem Baby mehrmals täglich zu Hause durch. Die Babys schreien entsetzlich; sie sind gezwungen, sich anzustrengen und haben keine Chance zu entrinnen.

Dass es diese Methode gibt und bis heute angewendet wird, ist vielen überhaupt nicht bekannt. Viele kennen noch nicht einmal den Namen dieser Form der Krankengymnastik und spätere Psychotherapeuten fragen nicht danach. Oft muss man sehr mühselig herausfinden, ob eine solche Behandlung stattgefunden hat. Die Mütter schämen sich oft so sehr und haben solche Schuldgefühle, dass sie kaum oder gar nicht darüber sprechen. Sehr viele Betroffene finden zufällig heraus, dass sie die Vojta-Therapie erhalten haben.

> Das gemeinsame Erleben erinnert an sexuellen Missbrauch: Die Grenze des Kindes wird erbarmungslos überschritten und die Mutter „dringt" im Erleben des Säuglings quasi in ihn ein.

Die Mutter fühlt sich dabei sehr oft schuldig. Meiner Erfahrung nach führen oft solche Mütter diese Therapie durch, die selbst in ihrer Kindheit nur wenig Empathie erfahren haben und dadurch auf gewisse Weise in ihrer Empathiefähigkeit verarmt sind. Großeltern und Väter, die die Mutter von dieser grausamen Therapie abhalten wollen, haben mit ihren Argumenten keine Chance. Die Mutter ist einfach zu verzweifelt und wünscht sich Gesundheit für ihr Kind.

Ich meine jedoch, dass manche Babys dadurch so schwer traumatisiert werden, dass sie manchmal kaum noch lebensfähig sind. Die Therapie sei nicht schmerzhaft, heißt es, aber sie sei „anstrengend". Und – so meine ich – sie versetzt die Babys in Todesangst.

„Immer wenn ich mich bei der Arbeit anstrengen soll, wird mir schlecht", bestätigt mir der Patient. Jede Form der körperlichen Anstrengung, der Enge und jede Form von Zwang in Schule und Beruf wird als höchst bedrohlich erlebt. Die Betroffenen müssen sich entziehen und leiden dann unter Arbeitslosigkeit und Arbeitsunfähigkeit.

„Seit 20 Jahren bin ich Kinderpsychotherapeutin, aber ich habe noch nie einen Patienten gefragt, ob er Vojta-Therapie erhalten hat, weil mir überhaupt nicht bewusst war, dass es diese Therapie immer noch gibt und dass sie möglicherweise so schlimme Folgen hat", sagt mir eine Therapeutin.

Das ist nur ein Beispiel von Gewalt, die ein Baby erleben kann. Viele Babys und Kleinkinder, die frühe Krankenhausbehandlungen erleiden mussten, können in ähnlicher Weise traumatisiert sein. Sie haben keine bewussten Erinnerungen daran, aber häufig wundern sie sich, wie leicht es ihnen wie aus dem Nichts schlecht wird, wie sie plötzlich von unbeherrschbaren Ängsten überfallen werden oder wie angespannt sie sich ständig fühlen. Das frühe Trauma sitzt tief in Leib und Seele.

Gewalt von Müttern am Baby

Es ist ein Tabu, dass zahlreiche Mütter und Väter Gewalt am Baby ausüben – entweder in Form von „Therapien" oder in Form von Strafen oder aus Verzweiflung. Das Baby mit seiner geringen Körpergröße und seiner unreifen Psyche erlebt den Erwachsenen als übermächtig. Das gute Gefühl von Getragenwerden, von Gestilltwerden und Geborgenheit im Arm der Mutter ist bei traumatisierten Babys ins Gegenteil verkehrt: Für sie wird die Nähe zur Mutter sehr oft zum alptraumartigen Geschehen.

Das ist besonders tragisch, weil die frühe Beziehung zur Mutter unsere Psyche formt. Im Kontakt mit der Mutter lernen wir unsere Gefühle kennen und wir lernen, wie Zweierbeziehung funktioniert. Wir lernen, wie wir uns einem anderen Menschen zärtlich annähern oder uns von ihm auch entschieden abgrenzen können. Wir konnten im Zusammensein mit der Mutter spüren, was Ich und Du heißt, wo unser Körper anfängt und wo er endet.

Bei Gewalterfahrungen ist all das verdorben. Das Baby erlebt die Mutter zwar auch immer wieder als gut, doch wenn sie dann zur gewaltsamen Angreiferin wird, ist das Baby zutiefst erschüttert. Es leidet rasch unter Todesangst. Wirklich schlimm wird es, wenn sich Gutes und Böses durchmischen, also wenn z. B. ein Baby eine quälende, angstauslösende Therapie erhält und die Mutter dem Baby ins Ohr flüstert: „Es ist gut für dich." Das Baby erhält die gegensätzlichsten Informationen und kann nichts damit anfangen. Es könnte dann schier verrückt werden. Hier kann man sich auch gut vorstellen, wie Perversionen entstehen: Liebe und Qual liegen bei der Traumatisierung durch die Mutter äußerst eng beieinander.

Früher gab es den Begriff der „schizophrenogenen Mutter", weil Psychotherapeuten davon ausgingen, dass die Mutter ein Kind so ängstigen und verrückt machen kann, dass es schizophren wird. Dann verschwand der Begriff fast völlig. Es kamen Medikamente gegen die Schizophrenie und man fing an, die Gene und den „gestörten Hirnstoffwechsel" als Ursache der Schizophrenie anzusehen.

Heute, nachdem man gesehen hat, dass Medikamente doch viele Fragen offen lassen, kann man wieder etwas mutiger auf diese Hypothese schauen. Ich denke schon, dass eine Mutter ein Kind „verrückt machen" kann (Searles, 2008). Wir sehen das leicht, wenn z. B. der Nikolaus kommt und wir den Kindern erzählen, dass er über das Jahr gesehen hat, wann sie nicht brav waren. Das macht ihnen große Angst und wenn wir es zu weit treiben mit diesen Drohungen, dann ist z. B. die Angst geboren, andere könnten die eigenen Gedanken lesen – ein Symptom, unter dem viele Menschen mit Psychosen leiden.

„Du bist für mich wie aus Glas", ist eine Aussage von Müttern, die je nach Atmosphäre zu Hause, schwere Folgen haben kann. Nicht selten berichten psychotische Menschen, dass ihre Mütter diesen Satz zu ihnen gesagt haben (Searles, 2008).

> Die Mutter ist und bleibt in der psychischen Entwicklung des Kindes der bedeutsamste Mensch.

„Ihr Psychoanalytiker übertreibt es aber mit der Mutter-Theorie", höre ich gelegentlich. Manche gehen davon aus, dass Psychoanalytiker ihre Patienten sozusagen künstlich dazu bringen, von ihrer Mutter zu erzählen. Doch wer einmal psychoanalytische Therapien beobachtet, wird schnell feststellen, dass das Mutter-Thema vom Patienten ausgeht. „Ich dachte eigentlich, ich wollte diese Analyse hier machen wegen meines Vaters, aber ich merke jetzt doch mehr und mehr, dass eigentlich meine Mutter das Problem ist." So oder so ähnlich formulieren es Patienten immer wieder.

Das Kindheits-Trauma im sprachlichen Bereich

Wenn psychische Verletzungen erst in einer Zeit einsetzen, in der ein Kind schon sprechen und sich erinnern kann, sind die Voraussetzungen für eine „Heilung" theoretisch oft besser als wenn das Trauma schon im frühen Säuglingsalter gesetzt wird.

> Je früher im Leben ein Mensch Misshandlungen ausgesetzt ist, umso stärker leidet er als Erwachsener unter Ängsten und Depressionen (Kaplow JB und Widom CS, 2007).

Gerade in der Baby- und Kleinkindzeit werden sogenannte „unreife psychische Elemente" (Alpha-Elemente) hauptsächlich von der Mutter in „reife psychische Elemente" (Beta-Elemente) umgewandelt (Bion, 1967). Diese Umwandlung kann man sich in etwa so vorstellen wie eine Situation, in der man schreckliche Angst hat und in der dann jemand kommt, der einen wirklich beruhigen kann. Wenn die Nähe zu einem anderen beruhigenden Menschen spürbar ist, wenn Worte für den eigenen Zustand gefunden und Zusammenhänge hergestellt werden können, geht die Angst oft zurück. Die Psyche ist in dem Moment sozusagen gereift.

Wer also einen guten Start ins Leben hatte, der hat schon ein gewisses Grundmaß an psychischer Reife erlangen können. Traumata, die in die Zeit fallen, in der ein Kind schon sichere Bindungen aufbauen und sprechen konnte, sind deshalb oft besser zu handhaben als frühere Traumata, weil das ältere Kind mit dem Trauma etwas „machen" kann. Das ältere Kind kann eine seelische Verletzung verarbeiten, indem es z. B. davon träumt, indem es dazu Bilder malt, sich erinnert und mit anderen darüber spricht. Doch sehr oft sind auch ältere traumatisierte Kinder ganz allein mit ihrem Trauma. Außerdem ist es häufig so, dass ein Trauma eingebettet ist in eine Kette traumatischer Erfahrungen.

Meistens sind traumatische Ereignisse mit langen Vorgeschichten verknüpft. Häufig haben die Kinder eben nicht die Möglichkeit zu sprechen – entweder weil die schreckliche Erfahrung sie sprachlos macht oder weil sie keine guten Bindungspersonen haben, mit denen sie wirklich sprechen könnten.

Für viele Kinder ist die Trennung der Eltern eine traumatische Erfahrung. Viele erlebten jahrelange Streitereien, Gerichtstermine und schmerzhafte Trennungen. Diese Erfahrungen können zu starken Selbstzweifeln führen, weil Kinder sich in der Regel schuldig fühlen für die Trennung der Eltern. „Wenn ich alles richtig gemacht hätte, dann hätten sich Mama und Papa nicht getrennt", so der bewusste oder auch unbewusste Gedanke. Die Betroffenen können daher dazu neigen, besonders leicht Schuldgefühle zu entwickeln.

Ein typisches Trauma bei älteren Kindern ist der sexuelle Missbrauch. Er beginnt oft dann, wenn die Kinder eine gewisse Körpergröße haben und langsam sexuell reifen. Die australische Wissenschaftlerin Janet Fanslow und ihre Kollegen befragten 2800 Frauen – bei ihnen begann der sexuelle Missbrauch typischerweise etwa im Alter von neun Jahren (Fanslow, 2007). Doch auch unzählige jüngere Kinder und sogar Babys werden sexuell missbraucht – da sich die Betroffenen oft nicht daran erinnern können, gibt es hierzu kaum verlässliche Zahlen. Sexueller Missbrauch führt oft zu Selbstmordgedanken oder gar zum Suizid (Plunkett A et al., 2001). Das zeigt also, dass auch Traumata im späteren Lebensalter keineswegs als harmloser zu betrachten sind als sehr frühe Traumata.

Sexueller Missbrauch

Wenn es um das Thema „Trauma" geht, denken viele rasch an das Thema „sexueller Missbrauch". Das ist ein höchst brisantes Thema, denn wohl auf kaum einem anderen Gebiet gibt es so viele Missverständnisse wie hier. Allein, dass sexueller Missbrauch auch als „sexuelle Gewalt" bezeichnet wird, verwirrt viele Betroffene. „Ich habe es nie als Gewalt empfunden", sagt ein Opfer beschämt. Die Betroffene hat Probleme damit, dass ihr Empfinden nicht in die heute gängige Wortwahl passt und somit denkt sie, mit ihr sei etwas falsch.

In Kliniken habe ich oft erlebt, dass neue Patienten aufgenommen werden, bei denen ganz oben auf dem Aufnahmebogen „sexueller Missbrauch!" steht. Das sind beeindruckende Worte und versetzen das Personal rasch in Alarmbereitschaft. Doch wenn die Patienten dann kommen, wird in genaueren Gesprächen deutlich, dass die wirklichen Probleme ganz woanders liegen. Der Patient wollte damit auch sagen: „Mir ist wirklich etwas unvorstellbar Schlimmes passiert – bitte nehmt mich ernst!"

„Sexueller Missbrauch" – darunter sind unglaublich viele verschiedene Dinge zu verstehen. Das kann von abfälligen Bemerkungen eines Vaters über den Körper seiner Tochter bis hin zu Geschlechtsverkehr gegen den Willen des Opfers reichen. Häufig wird übersehen, dass sexueller Missbrauch auch von Frauen verübt wird.

> Wenn eine Mutter ihren Sohn oder ihre Tochter missbraucht, scheint das oft noch schwerer zu besprechen zu sein als wenn der Täter der Vater oder eine andere männliche Person war.

Es ist für viele Opfer sehr schwierig zu entscheiden, wann der Begriff „sexueller Missbrauch" überhaupt auf sie zutrifft. „Ich wünschte, ich wäre einfach mal vergewaltigt worden", hörte ich einmal von einer misshandelten Patientin, die das, was in ihrer Familie vorging, einfach nicht einordnen konnte.

Es fiel ihr schwer zu beschreiben, was ihr passiert war. Sie war einer Mischung aus Alkoholmissbrauch, verbalen Attacken, „schmierigen Berührungen" und Schlägen ausgesetzt. Sie hatte die Vorstellung, dass nach einer Vergewaltigung mehr Klarheit geherrscht hätte. „Ich könnte mich dann einer Selbsthilfegruppe für Opfer sexuellen Missbrauchs anschließen und wäre nicht mehr so allein damit. Ich könnte das viel einfacher erzählen und jeder wüsste direkt, dass mir Schreckliches zugestoßen ist. So aber fühle ich mich wie ein Missbrauchsopfer, aber ich habe das Gefühl, dass ich damit nirgendwo so richtig hin kann. Was ich erlebt habe, lässt sich nicht einordnen."

Hinzu kam bei dieser Patientin die unbewusste Phantasie, dass sie es dann „irgendwie geschafft" hätte, wenn eine „echte Vergewaltigung" stattgefunden hätte. Was ihr so sehr zu schaffen machte, war das furchtbare Gefühl, nichts von dem irgendwie einordnen zu können, was ihr passiert war.

Eine andere Patientin berichtete, dass der Geschlechtsverkehr mit ihrem Onkel sich über Jahre erstreckte. Beschämt sagte sie: „Es waren die einzigen Momente, in denen ich mich nicht ekelig fand. Es war für mich wie eine Bestätigung: Wenn mich da einer begehrte, so falsch es auch war, musste etwas an meinem Körper richtig sein."

Es ist aus meiner Sicht oft sehr befremdlich, wenn den Kindern in Schulen erzählt wird, wie sie sich vor sexuellen Übergriffen schützen könnten. Unter den zuhörenden Kindern sind nicht selten Kinder dabei, die zu Hause vom eigenen Vater in einer oft so subtilen Form missbraucht werden, dass es ihnen noch nicht einmal bewusst ist, dass es sich um schädlichen Missbrauch handelt.

Die Kinder sitzen also in der Klasse, hören von Methoden des „Nein-Sagens" und von der Einstellung „mein Körper gehört mir", während sie selbst schon im sinkenden Boot sitzen, ohne dass sie oder Außenstehende es bemerken würden.

Sexueller Missbrauch bleibt oft im Nebel und viele Phantasien ranken sich darum. „Harte Fakten" sind oft schwer zu erfassen. Häufig wird den Psychoanalytikern vorgeworfen, sie würden sexuellen Missbrauch nicht ernst nehmen. Der Ursprung dieser Vorstellung liegt in den Missverständnissen um die „Verführungstheorie" von Sigmund Freud.

Er vermutete, dass viele Symptome seiner Patienten von einem realen Missbrauch in der Kindheit herrührten (Quinodoz, 2011). Später schrieb er in einem Brief an seinen Freund Wilhelm Fließ, dass er daran nicht mehr glaube (Freud, 1897). Er hatte festgestellt, dass auch Phantasien traumatisierend wirken konnten. Manchmal stellen wir nach einem dramatischen Erlebnis erst im Nachhinein fest, „was da alles hätte passieren können" – und sind geschockt davon. Wenn ein Kind zur Geschlechtsreife gelangt, versteht es oft erst im Nachhinein, dass sexueller Missbrauch stattgefunden hat. In der nachträglichen Bearbeitung kann es z. B. auch zur Erregung kommen.

Hinzu kommt, dass Freud die Theorie der „psychosexuellen Entwicklung" (Freud, 1910) formulierte, nach der das Kind im Alter von vier bis sechs Jahren in der ödipalen Phase (= phallischen Phase) sei und sich in dieser Phase intensiv mit dem Thema „Geschlecht" auseinandersetze. So entwickele das Mädchen z. B. den Wunsch, den Vater zu heiraten. Manchmal können Mädchen mit ihrem Vater auch ganz schön flirten, sodass der Begriff „Verführungstheorie" in der Phantasie auch umgekehrt verstanden werden kann: Das kleine Mädchen verführt den Vater.

> Und diese Phantasie kommt nah an die Schuldgefühle von Missbrauchsopfern heran: „Irgendwie war ich ja mit schuld", sagen sie oft. Der berühmte „kurze Rock", der den Mann zur Tat verführt, wird dabei oft mitgedacht. Der Hauch von „selbst schuld" schwebt immer wieder um das Missbrauchsopfer herum.

Das Problem ist, dass später selbst sexuelle Erregung bereits Schuldgefühle beim Opfer hervorrufen kann. Die Erregung wird als Gefahr und als Mitschuld angesehen. Manche Opfer leiden sehr darunter, dass sie selbst auch Erregung in der Missbrauchssituation empfanden, doch diese Erregung entstand nicht selten reflexhaft und manchmal hat die Psyche das Erregungsgefühl auch „produziert", damit das Opfer irgendwie mit der Qual zurechtkommen konnte.

Solche sehr komplizierten Zusammenhänge werden oft erst in einer Psychoanalyse deutlich, weil man hier die Zeit und den Raum hat, alle diese Facetten zu beleuchten. Es gibt Patienten, bei denen sich im Nachhinein ein realer Missbrauch feststellen lässt, es gibt aber auch Patienten, die in der fortgeschrittenen Analyse zugeben können, dass nie ein realer Missbrauch stattgefunden hat.

Das Monotrauma: Leon und der Reit-Unfall

„Seit dem Unfall kann ich mich nicht mehr bewegen", erzählt ein Patient. „Also jetzt nicht wörtlich – ich kann mich schon noch bewegen, aber ich traue mich nicht mehr aus dem Haus. Ich habe vor allem Angst und ich finde jede Bewegung so anstrengend, dass ich einfach nur noch depressiv auf meinem Sofa rumhänge", erzählt Leon.

Der 24-Jährige hatte im Sommer einen schweren Reitunfall mit mehreren Knochenbrüchen und seither ist er wie aus der Bahn geworfen. Er hat seine Arbeit aufgegeben, mit seiner Freundin Schluss gemacht und verlässt sein Haus nur noch für das Nötigste.

„Komisch", sagt Leon, „mein Freund hatte mal einen ähnlich schweren Unfall beim Radsport, aber er ist nach seinen Operationen in der Reha gewesen und konnte dann normal weitermachen." Wie kommt es, dass den einen ein Unfall völlig aus der Bahn wirft, aber der andere bei einem ähnlichen Erlebnis weiterhin fähig bleibt, sein Leben fast wie gewohnt fortzuführen?

Leon musste lange suchen. Es kostete ihn zwei Klinikaufenthalte und eine Psychotherapie bei einer Therapeutin, bis er schließlich die für sich richtige Psychotherapieform bei einem männlichen Therapeuten fand. Mit ihm konnte er verstehen, dass der Unfall zwar körperlich und psychisch außerordentlich belastend war, dass aber diese massiven Folgen darauf hindeuten, dass es da schon früher in Leons Leben etwas gab, das ihn belastet hat. Der Unfall hat frühere Verletzungen reaktiviert, die ihm gar nicht bewusst waren.

Es wurde im Laufe der Therapie klar, dass Leon unter einem furchtbar ehrgeizigen Vater litt, der ihm auf Schritt und Tritt sagte, was er zu tun habe. Der Vater wirkte wie aus dem letzten Jahrhundert und Leon musste sich ihm immer unterordnen. Als Leon klein war, schreckte der Vater auch vor körperlichen Strafen nicht zurück. Jahrelang lebte Leon in Unterdrückung, ohne dass es ihm bewusst war. Der Sturz vom Pferd und die nachfolgenden Ohnmachtsgefühle erinnerten ihn unbewusst an die Ohnmachtsgefühle, die er als Kind beim Vater immer wieder erlebte.

Nur mühselig konnte Leon seine Vergangenheit bei einem männlichen Therapeuten aufarbeiten. Er kämpft bis heute, wieder ein normales Leben zu führen, oder genauer gesagt: Er hat das erste Mal im Leben die Freiheit, ein neues Leben aufzubauen, das ihm selbst entspricht. „Heute bin ich für diesen Unfall dankbar", sagt Leon. „Wäre er nicht gewesen, ich glaube, ich hätte immer so weitergelebt, wäre irgendwann depressiv geworden und hätte mich umgebracht. So eingefahren war mein Leben und ich habe nichts davon bewusst bemerkt. Der Unfall war wie ein Weckruf."

DIE FOLGEN DES TRAUMAS UND WEGE HINAUS

Wut und Hass

Traumatisierte Menschen tragen sehr viel Angst, Wut und Hass in sich, schon einfach deshalb, weil sie in ihrem Leben oft schwer verletzt wurden. Darüber schreibt z. B. der Psychoanalytiker Bertram Karon sehr eindrücklich in seinem Buch „Psychotherapy of Schizophrenia" (Karon, 2004).

Manchmal kann man seine eigene Wut dabei gar nicht verstehen. „Ich liege hier immer auf der Couch und bin wütend auf Sie, dabei weiß ich gar nicht, warum", sagt eine Patientin. Eines Tages merkt sie, dass sie sich ständig nach dem Analytiker und nach anderen Menschen richtet – und zwar auf eine sehr subtile Art.

Wenn sie von etwas erzählt, das sie sehr bewegt oder begeistert, dann passiert es, dass sie plötzlich umschwenkt und sagt, dass es ja gar nicht so wunderbar war, dass man doch alles relativieren müsse und dass es vielleicht überhaupt ganz schlecht sei. Sie selbst versteht ihr Umschwenken nicht – niemand versteht es. Bis sie sich eines Tages dabei ertappt, dass sie andere regelrecht nach deren Reaktionen hin abcheckt.

Wenn sie etwas Schönes berichtet und der andere schaut nachdenklich, dann interpretiert sie es so, dass der andere gar nicht gutfindet, was sie da erzählt. Sie passt sich blitzschnell dem anderen an, meint sie. Doch in Wirklichkeit passt sie sich an ihre eigene Interpretation an, die ihr anhand des Blickes des anderen einfiel. In Wahrheit fühlte sie sich durch den Blick des anderen an ihre eigenen Zweifel erinnert. Diese inneren Zweifel waren ihre eigenen, aber sie hatte sie zuvor nicht zugelassen, weil ihr innere Konflikte unerträglich erschienen.

> Als die Patientin bemerkte, wie sehr sie sich stets nach dem anderen richtete, verstand sie plötzlich auch ihre Wut. Sie hatte das Gefühl, nie selbstständig denken, fühlen und sprechen zu können, weil sie immer wieder meinte, sie müsse sich an den anderen anpassen. In Wirklichkeit entdeckte sie im anderen jedoch ihre eigene Innenwelt. Als sie das erkannte, fühlte sie sich wie befreit.

Kein Wunder, dass sie den anderen vorher als nicht gönnerhaft, als bedrohlich und einengenden Herrscher erlebt hat. Es war ihre eigene strenge Stimme, die sie im anderen immer wieder entdeckte. Wer sich in diesem fehlerhaften Denken vom anderen eingeengt fühlt, der wird quasi zwangsläufig wütend auf ihn. Ursache für diese Verstrickungen war eine überstrenge Mutter, bei der die Patientin nicht auch nur ein falsches Wort sagen durfte.

Hass und Wut sind den Betroffenen oft ein treuer Begleiter – es ist der Hass auf diese Welt, der schon früh gesetzt wurde. Auf diese Welt, die so ungerecht zu einem war und ist. Auf die anderen, denen es anscheinend sehr viel besser geht als einem selbst, die bessere Bildungschancen hatten und haben und die nicht so schwer geschädigt sind, dass sie keine Beziehung führen könnten.

Die anderen haben Partner und Kinder, wohnen im Grünen, kommen vorwärts, während man selbst täglich ums Überleben kämpft. Der Weg vom Überleben hin zum eigenen Leben ist oft unfassbar mühselig, weil jeder kleine Schritt eine große seelische Kraftanstrengung bedeutet. Das Gute dabei ist jedoch, dass man viel über die Seele lernt – über die eigene und oft auch die der anderen bzw. über das Funktionieren der Seele im „Allgemeinen".

Wut und Hass werden immer wieder reaktiviert, wenn heute etwas passiert, das die Betroffenen an früher erinnert. Doch an wen soll man sich mit seiner Wut und mit seinem Hass wenden? Auf diese Frage versuche ich im Kapitel „Wohin mit dem Hass, wohin mit der Liebe?" Antworten zu finden.

Selbstmordgedanken und essenzielle Lebensfragen

Wer schwer psychisch verletzt ist, der stellt sein eigenes Leben, aber auch das Leben an sich infrage. Er beschäftigt sich stark mit Fragen der Existenz, eben weil durch das schlimme Erleben persönliche, existenzielle Fragen geweckt wurden. Vom Urknall bis zur Entstehung des Bewusstseins, von den Religionen bis zum ewigen Leben, von schwarzen Löchern bis zum Sinn des Lebens – manchmal geht es bei Traumatisierten kaum um etwas anderes.

„Sie beschäftigen sich so sehr mit den himmlischen Fragen, dass Sie die irdischen ganz vergessen", hörte ich einmal eine Therapeutin sagen. Realität und Phantasie, Bodenständigkeit und Abgehobensein – wie verhält es sich damit, wenn man schon als kleinstes Kind den Boden unter den Füßen weggezogen bekam?

Dem Betroffenen fehlt wortwörtlich der Grund und der Halt. Schwer traumatisierte Menschen haben häufig Probleme mit ihrem Körper. Sie bewegen sich oft umständlich, leiden an den verschiedensten, körperlichen Symptomen, schlafen schlecht, finden sich unattraktiv und können nur schwer in zärtlichen Kontakt mit jemand anderem kommen. Die Verbindung zu ihrem Körper fehlt ihnen oder die Verbindung ist schwer gestört, sodass sie am liebsten von sich selbst weglaufen würden, ohne zu erkennen, dass die Lösung oft im umgekehrten Weg liegt: in dem Weg hin zu sich hin.

> Durch das Gefühl der Bodenlosigkeit kann leicht ein Gefühl des Schwebens entstehen. Wenn Mutter und Vater Sie als Kind nicht richtig halten konnten, dann geht dieser fehlende Halt in ein Lebensgefühl von Haltlosigkeit über. Wenn Ihre Mutter für Sie kein „emotionaler Behälter" war, dann fehlen Ihnen heute möglicherweise auch ein ausreichend großer, innerer Behälter, in den Sie

> Ihre Emotionen hineinlegen können. Es fehlen Ihnen vielleicht auch im Außen Beziehungen, mithilfe derer Sie Ihre Emotionen bearbeiten können.

Und so haben Sie vielleicht das Gefühl von Schweben und Unendlichkeit, weil Gefühle leicht den Charakter von „Unendlichkeit" haben können. Beispielsweise kennen Sie das aus Träumen, wo vieles schwebt und zeitlos ist.

Hinzu kommt möglicherweise die Sinnfrage oder das Gefühl, dass Ihr Leben sinnlos ist. Vielleicht wünschen Sie sich, nie geboren worden zu sein. Das ist so quälend, dass Sie sich vielleicht manchmal wünschten, Sie wären tot. Das Gefühl der Sinnlosigkeit entsteht ebenfalls häufig infolge des Mangels an intimen Beziehungen.

Der Schein der Sonne ergibt Sinn, wenn da ein Blümchen ist, das davon lebt. Der Sinn entsteht durch Beziehung. Doch schwer Traumatisierte gehen manchmal sogar noch weiter: „Von mir aus könnte ich auf Sonne und Blümchen verzichten. Es ergibt für mich alles keinen Sinn. Das Leben ist sinnlos."

In dem Gefühl, das Leben sei sinnlos, kann man sich sehr leicht verlieren. Mich fragte eine Psychotherapeutin als Studentin einmal: „Ist für Sie das Leben sinnlos oder empfinden Sie nur Ihr eigenes Leben als sinnlos?" Diese Frage hatte etwas Beruhigendes, da ich schon das Gefühl hatte, dass das Leben prinzipiell sinnvoll sein kann oder zumindest von anderen als sinnvoll empfunden werden kann. Ich musste nur noch daran arbeiten, dass ich *mein* Leben als sinnvoll empfinden konnte.

Nicht wenige Menschen empfinden jedoch schon das Leben an sich als sinnlos. „Von mir aus bräuchte es gar nichts zu geben", sagen sie. Sie wünschen sich ein absolutes Nichts.

Doch bei vielen Traumatisierten, das spürt man genau, steckt dahinter ein ungeheurer Lebenshunger. Bei anderen wiederum kann man nur erschüttert darüber sein, dass da wirklich gar kein Lebenswille zu spüren ist. Sie quälen sich mit dem Gedanken, leben zu „müssen" und das Leben möglicherweise auch noch „lieben zu müssen".

Hierüber spricht der Philosoph Alan Watts in einem YouTube-Video, in dem er diese quälenden Gedanken ungefähr so formuliert: „Du sollst mich lieben. Du musst leben. Was für ein Quatsch! Leben ist ein Akt, der spontan entsteht." Es sei für die Menschen eine Qual, dass sie von sich verlangten, lieben und leben zu *müssen*.

> Zu bemerken, dass dies ein selbst auferlegter Zwang ist, kann manchmal schon dazu führen, dass man sich wenigstens etwas befreiter fühlt.

Manche Menschen werden vielleicht Psychotherapeut, um sich mit dem Lebens-Unwillen der anderen zu beschäftigen und dort ein Gefühl der Gemeinsamkeit und Verbundenheit zu entdecken. Denn alle diese Gefühle und oft quälenden Fragen sind auch menschliche Fragen und wahrscheinlich ist fast jeder Mensch gelegentlich von maßloser Hoffnungslosigkeit und einem großen Zerstörungsdrang gepackt.

Das Problem dabei ist häufig, dass solche Gedanken und Gefühle in der Gesellschaft ein Tabu sind. Wir müssen das Leben schönfinden, lautet das ungeschriebene Gesetz. „Wenn man das erlebt hat, was ich erlebt habe, dann kann man das Leben nicht mehr schönfinden", hörte ich einen weisen Mann sagen, der den Holocaust überlebte. Wie er das sagte, hatte etwas sehr Tragisches, aber auch Befreiendes. Es so auszusprechen, wirkt auf viele andere Opfer wie eine Erlaubnis, endlich einmal das sagen zu dürfen, was in ihnen vorgeht.

Der belgische Schriftsteller Jean Améry, der im Konzentrationslager gefoltert wurde und sich 1978 das Leben nahm, schreibt: „Wer der Folter erlag, kann nicht mehr heimisch werden in der Welt. Dass der Mitmensch als Gegenmensch erfahren wurde, bleibt als gestauter Schrecken im Gefolterten liegen: Darüber blickt keiner hinaus in eine Welt, in der das Prinzip Hoffnung herrscht. Der gemartert wurde, ist waffenlos der Angst ausgeliefert. Sie ist es, die fürderhin über ihm das Zepter schwingt. Sie – und dann auch das, was man die Ressentiments nennt" (Zeit, 2014).

Isolation und der Weg hinaus

Das größte Therapieziel bei Menschen mit schweren Traumata ist es vielleicht, sie dahin zu führen, dass sie Beziehungen wieder genießen können. „Ein warmherziger Blick kann alles verändern", hörte ich einmal. Und wer es erlebt, der weiß, was damit gemeint ist.

Nach den traumatischen Erlebnissen erscheint es aber oft fast unmöglich, eine sichere Beziehung aufzubauen. Viele Betroffene sagen von sich: „Ich bin völlig beziehungsunfähig." Abgesehen davon, dass wir fast alle auf eine Art beziehungsunfähig sind, ist es für schwer Traumatisierte oft schon schwierig, regelmäßig Orte aufzusuchen, an denen sich Beziehungen knüpfen lassen könnten.

Viele, die eine Psychotherapie beginnen oder einen Klinikaufenthalt wagen, schaffen es nicht, regelmäßig dort zu erscheinen. Selbstheilung ist jedoch nur schwer möglich, denn es bedarf eines anderen Menschen, der als neues, gutes, inneres Objekt sozusagen in das Seelenleben eingebaut werden kann.

Das ist der Grund, warum ich die Psychoanalyse so liebe: Durch die jahrelange Beziehung zum Psychoanalytiker wird eben diese Fähigkeit zur Beziehungsaufnahme, diese wertvolle Blüte in einem geweckt.

„You don't need to be isolated any more", sagte der Psychoanalytiker Daniel Dorman eines Tages zu seiner Patientin Catherine Penney (Catherine Penney im Film „Take these broken wings" von Daniel Mackler, Youtube, 2014). Innerhalb von acht Jahren mit sechs Sitzungen pro Woche half er ihr ohne Medikamente auf den Weg aus der Schizophrenie. Catherine Penney sagt in dem Video, dass es eine ihrer größten Errungenschaften sei, Beziehung und Gemeinsamkeit genießen zu können.

> Was für einen Unterschied im Leben eine gute Beziehung machen kann, das müssen viele erst einmal erleben. Sie können sich ansonsten nicht vorstellen, dass die Beziehung wirklich der Grund zur Lebensfreude sein kann.

Manche spüren es vielleicht zunächst andersherum: Wenn die erste Liebe zerbricht oder wenn es zu einer Trennung kommt – egal, wie dysfunktional die Beziehung auch war – dann kommen viele junge Menschen mit akuter Selbstmordgefahr in die Klinik. Tief im Inneren spüren sie dann wieder genau, was ihnen fehlt, was ihnen immer gefehlt hat und was Beziehung für das eigene Leben bedeuten kann.

Wir Menschen haben sowohl einen Lebenstrieb als auch einen Todestrieb. Der Todestrieb kann bei traumatisierten Menschen überwiegen, was sie jeden Tag aufs Neue spüren.

Außenstehende können das oft weder verstehen noch ertragen. Es macht ihnen Angst, weil auch der Gedanke aufkommen kann: „Was, wenn auch ich das Leben auf einmal sinnlos finde?" Man kann sich sehr leicht darin verlieren. Ob man auf tosender See zu einem neuen Ufer findet, hängt von unzähligen Faktoren ab. „Manchmal ist es leichter, nicht mehr zu hoffen", sagen manche. Und doch steckt wohl in den meisten Menschen – seien sie auch noch so verzweifelt – die Hoffnung, irgendwann endlich ein inneres und äußeres Zuhause zu finden.

Schuldgefühle verstehen

Wo ein Trauma ist, da ist das Schuldgefühl nicht weit. Traumatisierte Menschen laufen oft mit großen Schuldgefühlen herum; dabei ist nicht immer klar, woher diese Schuldgefühle kommen. Wenn Sie z. B. sehr strenge Eltern hatten und sich ihnen immer anpassen mussten, kann es schon zu Schuldgefühlen kommen, wenn Sie sich einmal nicht an andere anpassen.

Es kann sein, dass Sie ein sehr starkes „Über-Ich" ausgebildet haben – das ist der Teil der Psyche in uns, der für das Gewissen und die Moral zuständig ist. Ein überstrenges Über-Ich zu haben bedeutet, sich – aber auch anderen – kaum etwas zu erlauben.

Wer früh traumatisiert wurde, hat die mehr oder weniger bewusste Theorie, er sei selbst Mit-Verursacher des Traumas. Er sei z. B. nicht liebenswert genug gewesen als Kind oder er sei die Ursache für die psychische Erschöpfung von Vater und Mutter gewesen. Viele Kinder glauben, sie seien der Grund für die Scheidung ihrer Eltern gewesen.

> Traumatisierte Menschen haben oft massive Schuldgefühle, weil sie sich irgendwie selbst „schmutzig", gewalttätig und mitschuldig an dem Vergangenen fühlen.

„Wäre ich doch so oder so gewesen, dann wäre es nicht so gekommen." „Hätte ich doch dies oder jenes gesagt und nicht geschwiegen, dann hätte ich das alles verhindern können", so die Devise. Wer einen schweren Unfall hatte, der sagt sich: „Wäre es mir doch nicht so wichtig gewesen, dorthin zu fahren – warum wollte ich das überhaupt?"

Schuldgefühle können dann entstehen, wenn wir uns gar zu ohnmächtig fühlen. Es ist uns dann psychologisch gesehen lieber, dass wir eine Mit-Schuld tragen, als spüren zu müssen, dass wir einfach ohnmächtig ausgeliefert waren.

Schuldgefühle können aber auch dadurch entstehen, dass wir während des Gequältwerdens vielleicht auch Lust empfunden haben. Seele und Körper haben möglicherweise ein Lustempfinden dazugeschaltet, damit das Erlebte überhaupt aushaltbar war.

Wir alle haben den besagten Todestrieb in uns. Die Lust zu zerstören und die Lust am Untergang kennen wir alle. Wenn eine Katastrophe passiert, dann sitzen wir vor dem Fernseher und hoffen insgeheim, dass alles noch schlimmer wird. Wir sind sensationsgeil und finden eben auch Befriedigung am Schlimmen und Schrecklichen. Das ist ein Teil von uns Menschen, der uns aber allzu oft unbewusst ist. Wir geben ihn nur äußerst ungern zu. Da wir ihn aber irgendwo in uns spüren, fühlen wir uns schuldig.

Wenn wir nun gequält wurden, dann waren wir dennoch Mensch – samt Lebens- und Todestrieb. Wir verspüren dann ein besonderes Schuldgefühl gegenüber diesen „natürlichen, bösen Kräften" in uns, weil es mit der Qual, die wir erlebten, zusammenfällt.

So denken wir, dass wir irgendwie etwas zu unserem Unglück beigetragen haben. Wir haben in unserer Ohnmacht vielleicht versucht, wenigstens alles noch schlimmer zu machen, wenn wir es schon nicht besser machen konnten. Wir haben vielleicht irgendwann innerlich oder auch äußerlich gerufen: „Schlag mich doch! Hau doch fester zu, du Feigling!" Eine provozierende Stimme in uns hat sich vielleicht Luft gemacht.

Und auch hier kann dann leicht ein Schuldgefühl entstehen, besonders dann, wenn wir dabei sind, den Täter anzuklagen – in welcher Form auch immer.

„Kann ich meinen Vater / meine Mutter anklagen, wenn ich doch selbst Teil des Geschehens geworden bin?", fragt man sich.

> Helfer wollen uns immer wieder klarmachen, dass wir doch wirklich „ganz unschuldig" waren und dass die Verantwortung ganz beim Täter lag. Und doch können wir es nie ganz glauben, eben weil wir auch unsere eigenen Aggressionen weiterhin spüren. Wir können - so meinen wir - nie ganz offen über alles sprechen, können nie die ganze Wahrheit sagen, wodurch sich dann noch das Schuldgefühl hinzugesellt, dass wir den anderen etwas verheimlichen.

Wer als Kind oder junger Mensch sexuelle Lust empfindet, wird sich immer für diese Lust schämen, wenn es zum sexuellen Übergriff gekommen ist. Unbestritten war es jedoch ganz und gar die Aufgabe des Erwachsenen, sich zurückzuhalten und das Kind nicht zu missbrauchen. Dennoch lassen wir uns mit unseren Emotionen meistens nicht wirklich davon überzeugen.

Zärtlichkeit erlernen

Traumatisierte Menschen haben mit zwei Bereichen besondere Schwierigkeiten: mit dem Zärtlichen und mit dem Bösen. „Ich steige schnell mit irgendeinem Typen in die Kiste", erzählt eine Frau, die seit Jahren keine befriedigende Beziehung mehr führen konnte. Das „Grobe", das „In-die-Kiste-steigen" ist für sie schnell erledigt. Sie kennt das von früher: rasch gab es Schläge, rasch gab es sexuelle Übergriffe. Doch was es nicht gab, war die zärtliche Annäherung, der vorsichtige, respektvolle Kontakt.

Mit der Zärtlichkeit ist es ein wenig so wie mit dem Autofahren: Wenn wir es lernen, merken wir, dass Vollbremsungen und Rasen relativ einfach zu bewerkstelligen sind, während es uns anfangs sehr schwerfällt, das Gasgeben zu dosieren. Erst im Laufe der Zeit können wir auf einem verschneiten Hang zwischen zwei nahestehenden Autos vorsichtig anfahren.

Menschen mit Beziehungstraumata haben zärtliche Annäherung vielleicht nur selten erlebt. „Meine Mutter war ein Offizier!", sagt eine Patientin. Vorsichtiges Fragen, Kontaktaufnahme mit Blicken, aufmerksames Zuhören, differenzierte Sprache – all das kennen viele schwer beziehungstraumatisierte Menschen nicht. Sie müssen erst mühselig lernen, in Beziehungen sozusagen vorsichtig Gas zu geben.

„Mann, sind die alle empfindlich!", sagt eine Patientin. „Die sollen sich mal nicht so anstellen!" Das sind typische Sätze, die sie selbst gehört hat: „Sei nicht so empfindlich und stell' dich nicht so an!" Nun muss sie lernen, ihre eigene Empfindlichkeit zu erkunden und somit ein Gefühl für die Sensibilität und Verletzlichkeit der anderen zu entwickeln. Alles, was die Sensibilität für den eigenen Körper und die seelische Verletzlichkeit fördert, hilft uns dabei, rücksichtsvoller mit uns selbst und anderen umzugehen.

Mehr Empfindsamkeit für uns selbst und andere können wir über verschiedene Wege erreichen: Über das Erlernen eines Instruments, über Singen im Chor, über Reisen, über intensive Psychotherapie oder auch über das Erlernen von Yoga, Tai-Chi, Aikido oder Tanzen.

Die Abwehr des Bösen in uns

Ein Punkt, der für Frühtraumatisierte eine besondere Schwierigkeit darstellt, ist der Umgang mit dem Bösen in sich selbst. Sie haben Böses „empfangen" und „reingedrückt" bekommen, sie haben Böses als ungebremst und total zerstörerisch erlebt. Wenn sie sich nun selbst als „böse" erleben, sind sie zutiefst verunsichert. Das eigene Böse ist eine ständige Gefahr, die abgewehrt werden muss, wodurch leicht Angststörungen entstehen können. Die Betroffenen glauben manchmal unbewusst, dass sie allein durch das Denken böser Dinge wirklich Böses in der Realität auslösen könnten.

Zwischen dem Frühtraumatisierten und dem Angreifer gab es keine Grenze. Der Angreifer schlug einfach zu. Das gab dem Kind das Gefühl, dass es ohne Grenze sei bzw. dass die eigene Grenze dem anderen nichts bedeutet. Das Kind spürte auch die Verletzlichkeit des Angreifers. Wer gewalttätig ist, ist meistens selbst schwer traumatisiert – er ist voller Angst und höchst empfindlich. Man muss den Angreifer wie mit Samthandschuhen behandeln.

Als „böse" galt der Frühtraumatisierte daher vielleicht schon, wenn er einfach etwas anderes machen wollte als der Angreifer (sprich: als die Mutter oder Vater, wenn die Angreifer die Eltern waren). Es war schon „böse", das Zimmer nicht aufzuräumen oder aus Versehen eine Tasse umzuwerfen. Es war „böse", müde, nicht funktionstüchtig, nicht „hellseherisch" oder anderer Meinung zu sein.

> Oft war es schon „böse", einfach Kind zu sein, wenn der geschwächte Erwachsene das Kind brauchte, um Halt zu finden.

Erschwerend kommt hinzu, dass der Angreifer bildlich gesprochen „das Böse in den Körper / in die Seele des Kindes hineingedrückt hat". So jedenfalls fühlt es sich für viele Betroffene an. Wer geschlagen wird oder als Baby die Vojta-Therapie erhält, der spürt rein körperlich, wie der andere etwas gegen seinen Willen mit ihm macht. Der andere „drückt" die Schläge, die Gewalt in den Körper hinein.

Dieses „Böse", das von außen kam, spürt der Betroffene deutlich in sich. Da gibt es den Begriff „Identifikation mit dem Aggressor", der besagt, dass das Opfer die Aggression des Täters in sich übernommen hat. Das Opfer denkt wie aus der Sicht des Täters und sagt sich: „Ich hab's ja auch verdient" oder „Es ist nicht so schlimm, mein Vater / meine Mutter hatten halt viel Stress." Es nimmt die Täter in Schutz.

Das Opfer hat die Erfahrung gemacht, dass es keine Worte gab und dass dann die Gewalt die „Lösung" war. Die lauten Stimmen, das Geschrei, das harte Angefasstwerden, das völlige Ausgeliefertsein, sind hautnahe Erfahrungen, die das Kind mit „dem Bösen" gemacht hat.

Hochkompliziert wird es dann, wenn das Kind dann irgendwann Aggressionen verspürt, die von innen kommen: Wenn es Hunger hat und nichts zu essen bekommt, wenn es Fortschritte machen will und daran gehindert wird, dann erwächst in ihm natürlicherweise – wie in jedem Menschen – die Aggression. Doch schon diese natürliche Reaktion auf Frustration will der Betroffene nicht wahrhaben.

> Der Betroffene spürt immer wieder die ihm aufgezwungene Gewalt in sich und wird möglicherweise völlig unreflektiert selbst „böse", oder aber er macht das Gegenteil: Er drückt das Böse in sich ständig weg.

Gerade Frauen werden oft zu „sanften Täubchen". „Ich will nie so werden wie meine Mutter / wie mein Vater", sagen sie. Allein die eigene Meinung zu äußern wird dann als etwas Böses oder Aggressives empfunden. Es fällt ihnen schwer, „über dem anderen" zu stehen, also gebildeter, erfolgreicher oder sportlicher zu sein als der andere. Auch wenn sie selbst Mutter, Lehrer oder Therapeut geworden sind und dadurch natürlicherweise in einer „höheren Position" sind, wird dies schon als etwas „Aggressives" bzw. „Böses" in sich erlebt.

Manche Betroffene zeigen dann nur noch ein verkrampftes Lächeln. Selbst in ihrer Mimik wollen sie nicht zeigen, wenn ihnen etwas nicht behagt, wenn sie jemanden gerade nicht mögen oder wenn sie sich ärgern. Schon allein das empfinden sie als unakzeptable Aggression.

Es ist eine schwierige Aufgabe für die Betroffenen, anzuerkennen, dass das Böse in uns ist. Wenn wir nichts zu essen bekommen, wenn wir unter Druck geraten oder uns krank fühlen, können wir rasch in Richtung „böse" gehen. Wenn wir neidisch oder eifersüchtig sind, können wir uns sogar den Tod eines anderen Menschen wünschen.

Wenn wir grausame Eltern hatten, dann wünschen wir uns vielleicht immer wieder ihren Tod. Sich den Tod der Eltern zu wünschen, ist jedoch ein zutiefst menschliches Phänomen, das auch die gesündesten Menschen in ihrem Unbewussten in sich tragen. Doch Frühtraumatisierte schieben solche Gedanken besonders vehement ins Unbewusste ab oder sie verschieben es nach außen und halten die anderen für ständig böse, während sie sich selbst als „gut" erleben.

Sie können dann sehr moralisch wirken und in sich in extremer Form für „das Gute" einsetzen, z. B. im Tierschutz oder auf den Gebieten des Kinderschutzes oder der Gleichberechtigung. Sie werden dann mitunter so militant, dass sie leicht Ärger und Rückzugstendenzen beim anderen auslösen können. Nichts Menschliches darf dann mehr sein.

> Die Betroffenen können ihr „eigenes Böses" so subtil abwehren, dass sie Ärger beim anderen auslösen und der andere dann tatsächlich „böse" wird. Der andere reagiert dann z. B. abweisend oder wütend. Der Frühtraumatisierte, der Angst vor seinen eigenen Aggressionen hat, treibt den anderen mit seinem sanften Lächeln in den Wahnsinn.

Der Betroffene kann seinen Ärger also häufig nicht spüren – im Zusammensein mit einem anderen passiert dann manchmal etwas, das sich „projektive Identifizierung" nennt. Der andere spürt die Wut, die der Frühtraumatisierte eigentlich hat, plötzlich in sich selbst. Durch seine „falsche Sanftheit" hat der Frühtraumatisierte den anderen sozusagen „wütend gemacht". Der Frühtraumatisierte fühlt sich bestätigt, sobald der andere „böse" wird: „Ich bin gut, der andere ist schlecht", lautet das Ergebnis.

Es bedarf oft einer jahrelangen, psychotherapeutischen Arbeit, um den Betroffenen mit seiner eigenen Aggression wieder in Kontakt zu bringen. Einerseits spürt der Betroffene das Böse in sich ganz deutlich, andererseits verdrängt er es so weit wie möglich.

Wer früh gequält wurde, hat oft ein überstrenges Gewissen, ein quälendes „Über-Ich". Und auch hier sehen wir wieder, wie sich das Böse verlagert hat: Wenn das Über-Ich in uns streng ist, also wenn es uns ständig etwas Lustvolles verbietet, dann ist das ja auch etwas „Böses", das zu uns gehört. Wenn wir Selbstmordgedanken haben, dann haben wir ja auch „Mordgedanken" – zwar gegen uns selbst, aber immerhin haben wir da ziemlich „böse Gedanken".

Wenn wir mit dem Bösen in uns Frieden schließen, dann haben wir unendlich viel gewonnen. Zu akzeptieren, dass das Böse zum Leben gehört und dass jeder Mensch auch Böses in sich trägt, ist mit einem neuen Freiheitsgefühl verbunden. Und besser noch: Die neue Erkenntnis ist verbunden mit einem neuen Gefühl der Kontrolle.

Wenn ich denke, dass ich am liebsten meine Mutter killen würde, dann muss ich es nicht tun. Vielleicht denke ich sogar, dass ich meine Mutter in mir umbringen möchte. Doch wenn mir solche inneren Regungen und Gedanken bewusst sind, dann kann ich damit spielen und sie umformen. Ich kann mir zum Beispiel vorstellen, wie ich die Mutter leben lassen kann und wie es mir gelingt, sozusagen an meiner Mutter „vorbeizuwachsen" und mich zu entwickeln, obwohl oder gerade, weil sie äußerlich und innerlich da steht.

Wenn ich bemerke, dass ich einen anderen hasse, dann muss ich nicht länger meine Mimik verstellen, denn der Hass wird mir sowieso an der Nasenspitze anzusehen sein. Wenn ich weiß, dass ich in der Regel nur jemanden hasse, den ich auch lieben kann, wird der Hass erträglicher, denn Hass und Liebe hängen sehr eng zusammen.

Zum Beispiel kann ich eine große, geistige Liebe für meine Psychoanalytikerin empfinden – das ist aber gleichzeitig mit dem Ärger verbunden, dass sich die Psychoanalytikerin mir nur gegen Geld zuwendet und dass ich nach 50 Minuten wieder gehen muss, anstatt mit einem festlichen Kaffeetrinken in ihre Familie aufgenommen zu werden.

Was passiert, wenn ich bei dem, den ich so sicher liebe, plötzlich feststelle, dass da auch Hassgefühle aufkommen? Ich spüre vielleicht Eifersucht und Neid auf die innere Zufriedenheit des anderen. Ich beneide den anderen um seine bessere Vergangenheit, um seine Gesundheit, um seine körperliche und seelische Unversehrtheit. Das ist dann oft sehr schwer auszuhalten. Wichtig jedoch ist es, all dies wahrzunehmen und sich erlauben, es zu denken und zu fühlen.

> Und so ist es auch mit der Beziehung: Wenn ich mir erlaube, meinen Partner auch zu hassen, heißt das, dass das Gefühl kommen und gehen darf. Ich muss es nicht sozusagen in der Verdrängung festhalten.

Hass und Liebe hängen sozusagen natürlicherweise eng zusammen, doch in der traumatischen Kindheit wurde dieser Zusammenhang krankhaft und besonders quälend: Wenn der alkoholisierte Vater zuschlug, konnten wir natürlich nur hassen. Gleichzeitig aber sahen wir vielleicht die Trauer in seinen Augen. Gleichzeitig liebten wir ihn vielleicht als Vater. Vielleicht wehrten wir das schreckliche Erleben auch ab, indem wir uns den Vater als liebevoller dachten als er war. Vielleicht konnten wir nur durch echte oder unechte, zärtliche Gefühle gegenüber dem Vater seine Grausamkeit überstehen. Doch das alles war ganz furchtbar komplex und widersprüchlich zusammengemischt, sodass wir später gar nicht mehr wussten, was richtig und falsch war.

Viele Betroffene suchen sich einen gewalttätigen Partner aus, um ihre Schuldgefühle zu beruhigen, um das Böse eindeutig draußen zu halten oder um sich an den Eltern zu rächen. „Wenn der Partner mich schlägt, dann weiß ich, dass er böse ist und ich gut bin. Ich erhalte gleichzeitig die Strafe für meine bösen Gedanken und muss mich selbst nicht mehr strafen." So oder ähnlich können die unbewussten Gedanken hierzu aussehen.

Eine andere Gleichung könnte lauten. „Wenn ich einen Partner habe, der mich schlägt, dann sehen meine Eltern, dass ich mein Leben wegwerfe. Es tut ihnen heute weh, dass ich mich von einem anderen schlagen lasse. Es erinnert sie an ihre eigenen Taten. Ich mache mich kaputt – ich gönne meinen Eltern keine Tochter, der es gut geht."

Als Erwachsene müssen die Betroffenen erst mühselig lernen, wieder zu sortieren: Was ist gut und was ist böse? Was heißt „Aggression" überhaupt? Es stammt ja von dem lateinischen Wort „aggredi", also „herangehen" ab. „Aggressiv" zu sein, heißt im Ursprung erst einmal nur, sich seinem Ziel zu nähern. Eine Aggression ist zunächst nichts anderes, als eine Herangehensweise, die eigenen Bedürfnisse gestillt zu bekommen. Ich kann dann wählen, wie ich mich meinem Ziel nähern möchte: Forsch oder weniger forsch, drängend oder abwartend in dem Vertrauen, dass ich das, was ich brauche, erhalten werde.

Körperliche Folgen

„Mir wird häufig plötzlich schlecht, ich weiß gar nicht, wie das immer kommt. Ich kann mich auf meinen Körper einfach nicht verlassen." So oder ähnlich drücken es viele schwer traumatisierte Menschen aus.

Ein Trauma beeinflusst vor allen Dingen das vegetative Nervensystem – also das Nervensystem, das wir willentlich kaum beeinflussen können. Daher heißt es auch „autonomes Nervensystem", weil es sozusagen macht, was es will.

Im vegetativen (= autonomen) Nervensystem ergänzen sich zwei Seiten: Das sympathische Nervensystem, das für Aktivität und Bewegung zuständig ist und das parasympathische Nervensystem, das für die Verdauung und für Ruhe sorgt. Unser vegetatives Nervensystem bestimmt, wie schnell unser Herz schlägt, wie sich unser Magen-Darm-Trakt bewegt, wie hoch unser Blutdruck ist, wie gut wir schlafen und wie wir atmen.

Das vegetative Nervensystem können wir nur indirekt beeinflussen, indem wir zum Beispiel Meditationstechniken erlernen. Daneben gibt es das willkürliche Nervensystem, das unsere Bewegungen steuert. Wenn wir unseren Arm heben wollen, heben wir ihn einfach, doch wenn wir wollen, dass unser Herz ruhiger schlägt (wofür das vegetative Nervensystem zuständig ist) müssen wir uns schon ziemlich konzentrieren.

Menschen, die Traumata erlebt haben, haben häufig eine sehr schwierige Beziehung zu ihrem Körper. Sie fühlen sich durch eine Vielzahl verschiedener Symptome häufig von ihrem Körper im Stich gelassen. „Es fühlt sich an, als ob mein Körper gar nicht mir gehörte", sagen manche. In mehr oder weniger bewussten Phantasien glauben manche Betroffene, ihr Körper sei so eine Art Eigentum der Mutter.

Alles, was dem Körper zuträglich ist, ist quasi ein Stück „Traumabehandlung" – ob Sie nun in die Sauna gehen oder schwimmen, ob Sie barfuß durch den Schnee laufen oder tanzen lernen, ob Sie ein „Schlaf-Wochenende" einlegen oder sich gesund ernähren: Wann immer Sie in guten Kontakt mit Ihrem Körper kommen, können Sie ein Stückchen „heiler" werden.

Natürlich ist es für viele Traumatisierte extrem schwer, wirklich in guten Kontakt mit dem eigenen Körper zu kommen, denn er wird allzu oft als Feind empfunden. Nicht wenige Menschen verletzen sich selbst – als Versuch der Entlastung, der Flucht, der Befreiung, aber auch auf eine gewisse Art der

Selbstfürsorge. Manchmal trägt man Kämpfe, die man eigentlich mit anderen Personen hat, am eigenen Körper aus. So kann eine „zugeschnürte Kehle" daran erinnern, wie man nach der Mutter rief, aber keine Antwort bekam. Sie kann aber auch daran erinnern, wie man vielleicht tatsächlich von Mutter, Vater oder sonst jemandem körperlich an der Kehle angegriffen wurde.

Bei schwer traumatisierten Menschen zeigen sich viele hypochondrische Ängste und psychosomatische Beschwerden wie Schmerzen, Probleme mit der Haut, der Verdauung, der Atmung usw. Auch Ängste rund um die Fragen nach der Geschlechtsidentität können belasten. Dies alles zu sortieren, bedarf meistens jahrelanger Arbeit. Eigeninitiative, das Interesse am eigenen Körper und der Wunsch, ihm näherzukommen, sind hilfreich.

Soziale Folgen: Geld und Trauma

Schwer traumatisierte Menschen haben oft nicht die Kraft, Schule, Ausbildung, Studium und Beruf zu schaffen. Sie schaffen es oft nicht, einen Psychotherapeuten zu finden oder regelmäßig bei einem Therapeuten zu erscheinen. Zu groß sind ihre Ängste, zu groß ist ihre Scham, ihre Kraft- und Hoffnungslosigkeit. Sie leiden infolge des Traumas häufig an schlechter Bildung und an Geldnot.

Gleichzeitig können Geldnot und fehlende Bildung der Eltern die Wahrscheinlichkeit erhöhen, dass das Kind traumatische Erfahrungen in der Familie macht. Es wird laut, es wird dramatisiert, es fehlen die Worte, es kommt zu Gewalt. Wann immer es den Menschen nicht gutgeht, geraten sie in emotionale Not und Menschen, die in emotionaler Not sind, können sich aus eigener Kraft oft nicht „hocharbeiten". Die Faktoren „wenig Geld" und „Trauma" gehören also oft zusammen.

Um dort herauszukommen, bedarf es oft viel Glück. Andererseits bedarf es oft sehr wenig – wenn ein traumatisiertes Kind „nur" den richtigen Menschen trifft, der an das Kind glaubt, wenn das Kind „nur" an die Möglichkeit kommt, vielleicht mithilfe von Spenden ein Instrument oder einen Sport zu erlernen, wenn es ein einziges Vorbild findet oder ein gutes Buch, ein Gemälde, ein Musikstück, in dem es Resonanz findet, dann kann sich das Blatt völlig wenden.

> Immer wieder sind es Vorbilder, die Kinder aus dem Schlamassel ziehen - viele Vorbilder wissen gar nichts davon, was sie dem Kind bedeuten. Lehrer, Nachbarn, ein anderes Kind - wenn sie in dem traumatisierten Kind etwas zum Schwingen bringen, dann brauchen sie einfach nur da zu sein. Kinder können sich an einem einzigen Strohhalm aus dem Sumpf ziehen.

Psychische Folgen

Die häufigsten Folgen schwerer Traumata sind schwere Ängste, Depressionen und unterdrückte Aggressionen. Aber auch Psychosen bzw. Schizophrenien können daraus hervorgehen. Bei Psychosen verlieren die Menschen phasenweise den Kontakt zur Realität. Schizophrenien zeichnen sich dadurch aus, dass die Patienten Halluzinationen wie z. B. Stimmenhören entwickeln oder unter Wahnvorstellungen leiden wie z. B., dass sie verfolgt werden.

Heute wird hier viel zu oft den Genen und dem „Hirnstoffwechsel" die Ursache für Psychosen zugeschrieben – als wolle man die Eltern vor Schuldgefühlen verschonen. Es ist ein Verschließen der Augen davor, welche grausamen Szenen sich in Familien abspielen können.

Der Psychoanalytiker Bertram Karon sagt, er sei sich sicher, dass er genauso krank geworden wäre wie seine Patienten, wenn er unter deren Umständen aufgewachsen wäre (Karon, VandenBos, 2004). Die Gefahr einer Schizophrenie bestünde besonders dann, wenn das Kind unter furchtbaren Umständen bei seinen Eltern aufwachse, aber kaum Kontakt zur Außenwelt habe.

> Die Isolation ist ein ernstzunehmender Faktor – Menschen von außen können oft wie Retter vor dem Schlimmsten wirken. Daher ist es immer wichtig, dass sich Familien nach außen hin öffnen und Kontakt zu anderen bewahren.

Besonders bei Männern führen sehr schwierige Kindheiten mitunter zu kriminellem Verhalten. Insbesondere auch schwere Konflikte und Gewalterfahrungen mit den Vätern spielen hier eine Rolle (Karon, VandenBos, 2004). Frauen hingegen wenden die Aggressionen häufig gegen sich selbst und erkranken dann an schweren Depressionen.

Die psychischen Folgen sind so mannigfaltig und komplex, dass sie oft erst in einer langen Therapie richtig deutlich werden. Häufig fühlen sich die Betroffenen „irgendwie" unglücklich, allein, unwohl und beunruhigt. Ihre Beziehungen misslingen, aber sie wissen nicht, warum.

Oft wird ihnen vorgeworfen, sie begäben sich in die „Opfer-Rolle". Das tun Menschen so lange, bis ihr Leid nicht ausreichend erkannt, anerkannt und gewürdigt wurde. Durch ihr „Opfer-Gebaren" zeigen sie, dass es ihnen wirklich nicht gutgeht und das ihnen Furchtbares widerfahren ist. Die anderen empfinden es oft einfach nur als „nervig", was es ja auch sein kann, solange das Leid nicht von einem anderen Menschen gehalten wird.

Wenn die Betroffenen zum Beispiel eine intensive Psychotherapie machen und wirklich spüren, wie ihr Leid beim Therapeuten ankommt und von ihm gehalten wird, dann verändert sich das „Opfer-Gefühl" und die „Opfer-Darstellung" nach außen. Hier erfahren viele Opfer das erste Mal wirkliches Mitgefühl. Sie können sich im Schutz der Therapie endlich erneut erleben, was ihnen widerfahren ist, aber sie können sich auch anschauen, welche furchtbar sadistischen und aggressiven Seiten sich dabei in ihnen entwickelt haben.

So könnten die Betroffenen erstmals ein Gespür für sich selbst und auch ein „Mitleid" mit sich selbst entwickeln. Dieses kann reifen und gereiftes Mitleid mit sich selbst hat schließlich nichts mehr mit dem „nervigen Opfergebaren" zu tun, sondern gereiftes Mitleid mit sich selbst ist Weisheit. Denn so tief verstanden, ist es den Opfern plötzlich möglich, auch ein Mitgefühl für andere Betroffene zu entwickeln.

Es herrscht nicht mehr das Gefühl vor, dass es einem selbst am schlechtesten von allen geht. Dadurch, dass der Therapeut wirklich versteht, bekommt der traumatisierte Mensch eine Ahnung davon, dass der Therapeut vielleicht versteht, weil er selbst Ähnliches durchgemacht hat.

So kann Mitgefühl auf einmal geweckt und beweglich werden. Alles, worauf es bei der Traumabearbeitung ankommt, ist aus meiner Sicht „Beziehung". Deswegen brauchen wir unbedingt viel mehr psychotherapeutische Angebote, die auf mehrere Jahre ausgelegt sind und mehrmals pro Woche stattfinden.

Schwere Konflikte

Wir leben in ständigen, inneren Konflikten. Das ist das Wesen unserer Psyche – wenn wir das eine wollen oder denken, dann wollen oder denken wir das Gegenteil gleich mit. Das ist ein völlig natürlicher Vorgang, der beschrieben wird, seit es Menschen gibt. Schon die Bibel und die griechischen Sagen sind voller Konflikte, die den Menschen vom Beginn seines Lebens begleiten. Ein Weg zu psychischer Gesundheit ist, um diese Natur unseres Seelenlebens zu wissen und sie anzuerkennen.

Bevor ich heute Morgen mit dem Schreiben begann, kämpfte ich mit mir, ob ich erst die E-Mails beantworten oder mich gleich an dieses Buch hier setzen sollte. Ich entschied mich dafür, erst am Buch weiterzuschreiben, weil ich hierfür frische und ungestörte Gedanken brauche. Der kleine, innere Kampf ist zugunsten des Buches ausgegangen. Das war nicht sehr schwierig und ich fühlte mich in meiner Freiheit nicht eingeschränkt.

Schwierig wird es, wenn verschiedene Kräfte in uns sehr groß werden. Der Psychoanalytiker Leon Wurmser beschreibt in dem YouTube-Video „Der Konflikt und die Freiheit" sehr schön, wie z. B. sehr große Müdigkeit zu einem schwierigen Konflikt führen kann. Wenn wir eine Verpflichtung haben und uns der Körper „dazwischenkommt", dann kann der Konflikt unlösbar groß werden: Wenn wir ein Interview führen möchten und extrem müde sind oder wenn uns gar übel ist, dann kämpfen wir innerlich sehr.

> Bei traumatisierten Menschen ist es immer wieder der Körper, der die Konflikte mitbestimmt, weil die inneren Regungen so stark sind. Daher ist es bei Traumata so wichtig, dem Körper zu helfen.

Alte psychische Verletzungen können die inneren Konflikte verstärken. Leon Wurmser nennt das Beispiel eines Menschen, der eine Rede halten möchte, der aber die innere Stimme des Vaters aus der Vergangenheit mit in sich trägt, die ihm ständig zuflüstert: „Was für einen Unsinn redest du da? Du bläst dich doch nur auf!" Solche starken Kräfte in uns sind wie große Hindernisse.

Wir haben dann das Gefühl, gefangen zu sein und nicht mehr ganz frei entscheiden zu können. Wenn wir dagegen angehen, kostet es uns sehr viel Kraft. Natürlich können wir innerlich sagen: „Du hast mir nichts mehr zu sagen, Papa! Deine Stimme wirkt nicht mehr in mir! Ich mache es trotzdem!" Das heißt aber nicht, dass wir damit unseren inneren Zweifel bekämpft haben, sondern dass wir sozusagen sehr viel Anlauf nehmen, um eine hohe Mauer in uns selbst zu überwinden.

Noch schwieriger wird es, wenn wir mit einem anderen Menschen in Beziehung treten. Wir selbst haben unser „Wollen und Nicht-Wollen" sowie unser „Sollen und Wollen" in uns, der andere mit seinen eigenen Wünschen, Bedürfnissen und Konflikten kommt allerdings noch hinzu. Damit haben wir zusätzliche, äußerliche, zwischenmenschliche Konflikte.

Wenn wir innerlich um A oder B kämpfen und uns eigentlich für A entscheiden wollen, dann merken wir vielleicht, dass der andere gerade aber lieber B möchte. Je nachdem, wie wir aufgewachsen sind, neigen wir dazu, uns dem anderen anzupassen. Vielleicht erleben wir den anderen sogar als übermächtig und denken: „Das hat doch gar keinen Zweck, dass ich da meine Argumente für A anbringe." Vielleicht sagen wir dann sogar gar nichts.

Wenn wir aber z. B. mit einer schwachen Mutter / einem schwachen Vater aufgewachsen sind und selbst früh Verantwortung übernehmen mussten, übergehen wir vielleicht den anderen und sagen: „Wir machen trotzdem A! Schluss, Aus!"

Gerade traumatisierte Menschen kann das Zusammensein mit anderen in ungeheure innere Nöte bringen. Es fällt ihnen äußerst schwer, im Zusammensein mit anderen Menschen weiter klar denken zu können, die Mitte zu finden, gemeinsam zu überlegen und zu sprechen. Das will so schon gelernt sein. Um wie viel schwieriger wird es, wenn die Innenwelt vom Trauma so durcheinandergebracht ist? Das ist mit ein Grund, warum sich Traumatisierte so oft zurückziehen. Im Zusammensein mit anderen ist es wichtig, auf (Selbst-)Vorwürfe zu verzichten und neugierig zu bleiben, was uns selbst, aber auch den anderen bewegt.

Schwierig wird es also immer dann, wenn gegensätzliche Kräfte sehr groß werden – seien es körperliche Kräfte wie Übelkeit oder Müdigkeit, seien es kraftvolle Erinnerungen aus der Vergangenheit oder seien es große Unterschiede zwischen mir und dem anderen.

> Leon Wurmser rät, alle möglichen Stimmen in sich in Betracht zu ziehen und alle möglichen Konflikte gründlich zu untersuchen.

Die Vorstellung eines inneren Freundes, der verständnisvoll mit uns spricht, könne helfen. Überhaupt sei es hilfreich, in einer innigen Beziehung über diese Konflikte möglichst ohne Scham zu sprechen. Schon während des Gesprächs könne sich dann häufig eine Lösung abzeichnen.

Bei traumatisierten Patienten sei es oft das Problem, dass sie alles, was mit dem Trauma zu tun hat, innerlich umgehen, so Wurmser.

> Traumatisierte Menschen weichen schwierigen Gefühlen, Gedanken und Erinnerungen aus, sodass sie nicht alles bedenken können.

Dadurch werden sie in ihrer Freiheit stark eingeschränkt, denn die gegensätzlichen Kräfte kämpfen dann im Unbewussten weiter. Doch es lässt sich erlernen, den schwierigen Gedanken nicht mehr aus dem Weg zu gehen. Wir können darauf achten, wann wir dabei sind, etwas zu verdrängen. Wir bekommen das oft schon mit, nur führen wir dann den Verdrängungsprozess weiter. In mutigen Momenten können wir uns einmal vom Verdrängen abhalten und erforschen, was passiert, wenn wir Unangenehmes nicht verdrängen.

Konflikte seien ein Teil der Natur, so Wurmser. Schon unsere physiologischen Prozesse im Körper oder die physikalischen Prozesse dieser Welt sind in Gegensätzen angelegt. Wenn wir uns damit anfreunden könnten, dass wir selbst innerlich nun mal so gegensätzlich sind, dann sei schon viel gewonnen. Wenn wir versuchen, unseren ungewollten Gefühlen und Gedanken mehr Aufmerksamkeit zu schenken, merken wir mit der Zeit, dass wir uns nicht so sehr vor ihnen fürchten müssen wie wir dachten.

Dissoziation: Wenn wir Denken und Fühlen voneinander trennen

„Ich war in dieser Prüfung und konnte nichts mehr sagen", erzählt eine frühtraumatisierte Patientin. „Mir war auf einmal alles egal. Ich dachte, wenn ich diese Prüfung zersäge, dann ist's mir gleich recht."

„Dissoziation" nennen Psychologen diesen Zustand, bei dem man wie in einer anderen Welt zu sein scheint und die Realität nicht mehr wahrnehmen kann oder will. Es ist, als sei man in einem traumartigen Zustand, aus dem man von selbst nicht so richtig erwachen könnte. „Ich dissoziiere", sagen manche Patienten dazu. Man hört diesen Begriff in Internetforen und psychiatrischen Kliniken, doch was genau damit gemeint ist, das ist schwierig zu sagen.

> „Dissoziation" bedeutet, dass Dinge, die normalerweise zusammengehören, nicht mehr zusammen sind, wie z. B. Fühlen und Denken oder Fühlen und Erinnern.

Traumatisierte können in einer sehr nüchternen Weise von etwas sehr Schrecklichem erzählen: „Als mein Mann nach Hause kam, schubste er mich grundlos auf den Boden und schlug mir ins Gesicht. Da fragte ich ihn: Mann, was ist denn los mit dir heute? Ich glaube, es ging ihm nicht gut", erzählt eine Patientin, als sei sie eine Kabarettistin. Das „Schreckliche" war in ihrer Stimme so weit weg, dass ihre Erzählung schon fast etwas Komisches bekam, so wenig passte das, was sie sagte zu dem, wie sie es sagte.

Das Gefühl des Schreckens, des Entsetzens oder der Trauer ist dann wie von dem schrecklichen Ereignis abgetrennt. Doch wo ist das Abgetrennte hin? Entweder, man hat es selbst in sich „getötet" und es aktiv verdrängt, oder man weigert sich, es überhaupt wahrzunehmen. Eine weitere Möglichkeit besteht darin, das Abgetrennte sozusagen in einem anderen Menschen unterzubringen. Das passiert völlig unbewusst und es bedeutet, dass der Zuhörer auf einmal übermäßig starke Gefühle empfindet, ohne dass er sich seine extreme Reaktion genau erklären kann. Es sind Gefühle, die in diesem großen Ausmaß eigentlich zum Erzähler gehören.

Der traumatische Zustand

„Mich überfällt die Angst ganz plötzlich", sagt ein Angstpatient. „Manchmal aber kündigt sie sich auch langsam an. Ich wache morgens schon mit diesem unsicheren, zittrigen Gefühl auf und denke mir: Aha, ich weiß schon wieder, in welchem Zustand ich diesen Tag verbringen werde."

> Psychische Zustände sind wie abgegrenzte Welten in einem bestimmten Zeitraum.

Wenn Sie gerade Mutter oder Vater geworden sind, spüren Sie vielleicht die Veränderung in sich. Sie sind in einem ganz anderen Zustand. Wenn Sie in depressiver Stimmung die Wintermonate verbringen, dann ist das Ihr psychischer Zustand. Wenn Sie eine Magen-Darm-Grippe haben, befinden Sie sich ebenfalls in einem ganz besonderen psychischen Zustand – ebenso, wenn Sie wach sind oder schlafen.

Wenn der traumatische Zustand kommt, dann ist es, als sei die emotionale Verbindung zum anderen und zu sich selbst abgebrochen. Man fühlt sich innerlich völlig isoliert und verloren, der Kreislauf wird schwach, die Hände zittern, es kommt vielleicht zu Durchfall und die Brust fühlt sich wie zugeschnürt an. Manchmal kann man hier auch von einer „Panikattacke" sprechen. Es ist oft nicht möglich, in diesem Zustand zu weinen, obwohl oft der Druck zu weinen da ist. Es fehlen uns die Worte zu beschreiben, was eigentlich gerade los ist mit uns.

Besonders interessant ist, dass es uns in diesem Zustand nicht gelingt, mit unserer Vernunft an uns selbst heranzukommen. „Es sind doch nur noch fünf Minuten", sagen wir uns, wenn wir in einer Veranstaltung in unseren merkwürdigen Zustand gekommen sind. Doch das tröstet uns kaum, weil diese fünf Minuten einer Ewigkeit gleichkommen.

Wenn wir in diesem Zustand sind, dann ist es, als befänden wir uns wieder in einer traumatischen Situation: Die Zeitverhältnisse verändern sich. Wenn Sie stürzen, dann können Sie wie in Zeitlupe verfolgen, was da gerade passiert. Vielleicht denken Sie in der kurzen Zeit des Sturzes extrem viel. Die Zeit zieht sich wie unter einer Lupe. „Es kommt vor, dass Zeugen eines Unfalls innerhalb von zwei Minuten zwei Mal die 112 wählen, weil sie das Gefühl haben, es wären schon 15 Minuten seit dem ersten Anruf vergangen", erzählt ein Mitarbeiter einer Notdienstleitstelle.

Wenn Sie als Baby oder Kleinkind in irgendeiner Form gequält wurden, dann hatten Sie da auch kein Zeitgefühl. Es war Ihnen höchst wahrscheinlich so vorgekommen, als hätte die Situation keinen Anfang und kein Ende.

Wenn dieser traumatische Zustand wieder auftritt, dann ist dieses Gefühl, in der Zeit verloren zu sein, häufig wieder da. Wenn Sie im „Durchfall-Modus" einen wichtigen Termin haben und darauf warten, dass der andere Ihnen die Tür öffnet, dann erscheinen die wenigen Augenblicke, die es dauert, bis die Tür aufgeht, wie eine Ewigkeit.

Die komischen Zustände können innerhalb von Millisekunden auftreten. Es geht rasend schnell und unterliegt meiner Meinung nach keineswegs erst einer „Bewertung", wie oft behauptet wird. Der Zustand kommt durch einen Reflex im Unbewussten zustande. Er ähnelt dem Patellarsehnenreflex („Kniereflex") beim Stolpern:

Die Information muss nicht erst zum Gehirn geleitet werden, sondern das Knie streckt sich allein durch einen nervlichen Erregungs-Kreislauf über das Rückenmark. Diese rasende Geschwindigkeit können Sie z. B. am Körpergeruch feststellen. Schweiß ist bei einem gesunden Menschen, der sich wohlfühlt, zumeist geruchslos. Doch wenn Sie im Büro sitzen und der Chef plötzlich hinter Ihnen steht, dann können Sie in Sekundenschnelle ganz extrem nach Schweiß riechen. Es ist, als hätten die Bakterien, die den Schweiß zersetzen, einen Turbogang eingelegt.

Ähnlich ist es mit dem Reizdarmsyndrom bzw. mit der Neigung zu Durchfällen: Sie hören ein Wort, Sie sehen etwas oder Sie denken einen Gedanken und – Zack – werden Sie völlig durchlässig. Sie fühlen sich, als hätten Sie keine Grenze mehr. Der Darm hat in Sekundenschnelle alle Schleusen geöffnet und Sie schaffen es vielleicht nur noch mit Mühe rechtzeitig zur Toilette.

Wenn Sie in Ihrem Zustand sind, dann fällt es Ihnen möglicherweise auch schwer, zu denken und zu sprechen. Vielleicht möchten Sie in diesen Momenten auch nicht berührt werden und lieber ganz für sich allein sein. Sie können sich dann nur noch auf Ihren Körper konzentrieren. Gut ist es, wenn man sich diese Konzentration auf den Körper erlauben kann, auch wenn ein anderer dabei ist und wenn der andere einem gelassen diese Zeit geben kann. Jeder Ablenkungsversuch scheitert oder macht es noch schlimmer und wenn Sie jemand fragt: „Was hast du denn?", dann können Sie nur sagen: „Ich weiß es nicht. Ich kann es nicht in Worte fassen."

„Der Zustand" ist ein Zustand, in dem die Sprache versagt – vielleicht, weil er häufig mit frühkindlichen Zuständen zusammenhängt, also mit einer Zeit, in der wir noch nicht sprechen konnten. Was in diesen Zuständen oft hilft, ist das, was Sie tatsächlich schon machen: Sie kapseln sich ab und konzentrieren sich ganz auf Ihren Körper. Das Problem dabei ist, dass Sie sich genau das vielleicht nicht erlauben können oder dass genau das gerade nicht möglich ist, weil sie „funktionieren" müssen. Wenn Sie Radiosprecher sind und in einen traumatischen Zustand geraten, gleicht das weitere Funktionieren oft einem extrem schwierigen Kunststück.

Sie denken vielleicht, Sie müssten doch jetzt tief durchatmen und sich entspannen. Doch in diesem Moment ist Entspannung meistens nicht möglich und häufig sogar kontraproduktiv. Erst braucht die Spannung ihren Platz. Es kann sehr sinnvoll sein, sich eben diese Konzentration auf den Körper, die Sie gerade brauchen, zu erlauben. Sie können genau hinfühlen, sich beobachten und versuchen, Worte für Ihren Zustand zu finden (was oft nur schwer gelingt).

> Was oft hilft, ist die Herstellung einer emotionalen Verbindung zu einem anderen Menschen – oder auch zu sich selbst. Wenn es dem anderen gelingt, Sie emotional zu erreichen, geht es Ihnen wahrscheinlich rasch besser. Aber auch, wenn Sie versuchen, die emotionale Verbindung zu einem anderen aufzunehmen, können Sie unter Umständen spüren, wie der Zustand nachlässt.

Wenn Sie sich vorstellen, der Mensch neben Ihnen bekäme eventuell plötzlich einen Herzinfarkt, dann wären Sie vielleicht sofort wieder „voll da". Sie könnten womöglich wieder einwandfrei denken und dem anderen helfen. Möglicherweise könnte das Ereignis Ihren angstvollen Zustand aber auch verstärken. Es ist sehr unterschiedlich und auch von Mal zu Mal anders.

Oft besteht keine Gelegenheit zu einer emotionalen Verbindung. Wahrscheinlich kann Sie der andere überhaupt nicht verstehen, wenn Sie gerade in so einem Zustand sind. Vielleicht sagt der andere Ihnen sogar, Sie sollen sich nicht so anstellen oder der andere bekommt es angesichts Ihres Zustandes selbst mit der Angst zu tun. Wenn Sie sich jedoch der eigenen Körperbeobachtung hingeben und für sich bleiben (vielleicht sogar auch, wenn andere Menschen da sind), dann können Sie möglicherweise nach einer Weile spüren, wie dieser Zustand nachlässt. Auch die Konzentration auf etwas Äußeres, z. B. auf ein schwieriges Rätsel, kann aus dem Zustand helfen.

Vielleicht sind Sie im traumatischen Zustand zittrig und versuchen auch, das zu unterdrücken – aber heute weiß man, dass das Zittern eine sinnvolle Muskelreaktion ist, um emotionale Zustände besser zu verarbeiten. Aus dieser Erkenntnis ist beispielsweise die TRE-Methode (Trauma and Tension Releasing Exercises, Berceli, 2015) entstanden, bei der die Patienten Muskel-Übungen durchführen, die gezielt zum Zittern führen. Lassen Sie also auch das Zittern ruhig zu. Vielleicht können Sie auch, um in der Kälte zu stehen, die Fenster aufreißen und sich ein bisschen abkühlen, sodass Sie dabei durch die Kälte zittern. Auch das kann hilfreich sein.

Nicht zuletzt sind überraschende Momente von außen sehr hilfreich: Manchmal kann es eine kleine Melodie im Autoradio sein, manchmal ein unerwarteter Duft und manchmal ganz simpel ein Stück Schokolade – all das kann den Zustand durchbrechen. Bei manchen Menschen, insbesondere bei denen, die noch nie eine Psychotherapie gemacht haben, kann der Zustand jedoch auch stunden- und tagelang in verschiedener Intensität anhalten.

„Eigentlich laufe ich immer mit so einer unterschwelligen, unangenehmen Angst herum", sagt eine Betroffene. „Ich verbringe eigentlich jeden Tag meines Lebens nur mit dem Versuch, mich zu beruhigen."

Während des Zustands ist es sinnvoll, auf die Ausatmung zu achten. Vielleicht können Sie einmal schauen, wie weit und wohin die Ausatmung geht? Vielleicht haben Sie auch Regionen im Körper, die Sie als unbeschädigt erleben – dann versuchen Sie, sich mit diesen gesunden Körperregionen gedanklich zu verbinden.

Bedenken Sie nicht zuletzt, dass diese Zustände oft mit Gefühlen oder Gedanken zusammenhängen, die Sie nicht fühlen oder denken wollen. Häufig sind es innere Kriegssituationen zwischen Liebe und Hass. „In Ihrem Magen herrscht Krieg und in Ihrem Magen wird entschieden über Krieg oder Frieden", sagt der Komiker Marco Rima in seinem genialen Vortrag „Nebenwirkungen von

Pillen und Zäpfchen" (zu finden unter demselben Namen auf YouTube). Da ist gerade bei traumatisierten Menschen sehr viel Wahres dran.

Schlaf, Traum und Trauma

„Jede Nacht werde ich zwischen zwei und drei Uhr morgens wach." Ein Satz, der von vielen Traumatisierten kommt. Die Schlafstörung gehört zum Trauma wie das Amen zum Gebet. Umso trauriger ist es, dass viele Psychiater daraus ein Problem machen. Natürlich empfinden auch die Betroffenen ihre Schlaflosigkeit häufig als schwierig. Doch wenn sie erleben, dass Psychiater sie auch als Problem ansehen, versuchen sie noch mehr, „normal" zu werden und guten Schlaf zu finden. „Ich hab schon wieder schlecht geschlafen, nun tu mal was dagegen", scheinen Klinikpatienten manchmal vorwurfsvoll dem Psychiater zu sagen. Dabei haben viele viel zu hohe Ansprüche an den Schlaf.

Unser Schlaf besteht aus etwa fünf Schlafzyklen, wobei ein Schlafzyklus ca. 90 Minuten dauert. In einem Schlafzyklus schlafen wir ein, dann schlafen wir leicht, dann tief und schließlich befinden wir uns in einer lebhaften Traumphase, der sogenannten REM-Phase (Rapid Eye Movement). In der REM-Phase sind unsere Muskeln tief entspannt, ja sogar gelähmt, aber unsere Augen bewegen sich lebhaft. Wenn man Menschen in der REM-Phase weckt, berichten sie meistens, dass sie gerade sehr starke Träume hatten.

Wenn wir einschlafen, dann denken wir anfangs häufig noch in Worten. Je mehr es Richtung Schlaf geht, desto mehr verwandeln sich unsere Wortgedanken in Bildgedanken – das bewusste Denken geht mehr und mehr in das unbewusste Denken über. Im Unbewussten spielt Zeit keine Rolle: Was früher war, erscheint wie jetzt, Gegensätze sind im Traum keine Widersprüche. Das zeigt sich z. B. sehr schön am lateinischen Wort „altus", was gleichzeitig „hoch" und „tief" bedeutet. Ob wir tief fallen oder hoch steigen – im Traum zählt sozusagen nur der Abstand.

Viele Bilder werden zu einem Bild verdichtet. Wenn wir uns tagsüber sowohl über den Chef als auch über eine Kollegin ärgerten, träumen wir vielleicht von einer Person, die sowohl männlich als auch weiblich sein könnte, die sowohl der Chef als auch die Kollegin sein könnte.

Sehr häufig enthält der Traum Erinnerungen an den letzten Tag (Tagesreste) und Elemente aus der Kindheit. Diese Grundzüge des Traums stellte Sigmund Freud sehr detailliert in seinem Buch „Die Traumdeutung" dar.

Nach Sigmund Freud handelt es sich bei Träumen auch um eine Wunscherfüllung. Sogar Alpträume können unter Umständen eine Wunscherfüllung enthalten, aber wieso sind sie dann Alpträume? Weil unser Gewissen auch im Schlaf nicht schläft. Wir haben auch im Schlaf eine Schaltstelle in uns, die uns Dinge erlaubt und verbietet.

Wenn wir tagsüber einmal unbewusst dachten: „Ich würde mein Kind am liebsten killen!", dann kann z. B. im Alptraum auftauchen, dass unser Kind stirbt. Da wir diesen Wunsch aber bewusst ablehnen, wird in unserem Traum daraus ein ganz schrecklicher Kampf: Der Tod des Kindes ist das Schlimmste, was wir uns vorstellen können – gleichzeitig war es in der stressigen Situation am Tag jedoch auch ein Wunsch von uns, dass wir wieder einmal eine Zeit lang ohne Kind leben könnten.

Aus diesen „verbotenen" Gedanken versucht unsere Psyche, etwas „Akzeptables" zu machen – sie kämpft dagegen und lässt sie doch zu. Sigmund Freud sprach daher von der „Traumarbeit", die unsere Seele jede Nacht leistet.

Nicht wenige Traumatisierte fürchten sich vor dem Einschlafen: Die Kontrolle zu verlieren, unerwünschte Traumbilder vor Augen zu haben, mit gelähmten Muskeln da zu liegen, alles das wollen Traumatisierte gerne vermeiden, was natürlich das Einschlafen erschwert.

Interessant ist auch, dass die Worte Trauma (Wunde) und Traum zusammenhängen. Wir haben mitunter äußerst negative Träume, mit denen wir versuchen, die Verletzungen des Tages zu verarbeiten. Auch hängt das Wort Traum mit Drama zusammen. Im Germanischen gibt es zudem das Wort „draugmas", was „Trugbild" bedeutet (Tischner, 2019).

Insgesamt könnte man sagen, dass der Traum etwas sein kann, das einen verfolgt, das tief in uns verhaftet sein kann wie das Trauma auch. Ein Trauma wird man nicht so leicht los, man ist mit ihm verheiratet und oft führt es zu Trugbildern, denen wir vielleicht mehr trauen als der Wirklichkeit.

Nicht selten leiden traumatisierte Menschen beim Einschlafen unter plötzlicher Atemnot oder sie schrecken mit einer Panikattacke hoch. Das Einschlafen erinnert in vielerlei Hinsicht an den Vorgang des Sterbens. In der ersten Nachthälfte ist der Schlaf zudem oft tiefer als in der zweiten Nachthälfte. In unseren Träumen kommen wir dann kaum auf die Idee, dass wir träumen – wir sind dann „ganz Traum".

In der zweiten Nachthälfte mischt sich schon wieder mehr Bewusstsein in unsere Träume. Wir bemerken dann öfter, dass wir träumen und es gelingt uns dann oft auch, die Träume zu steuern. Manche üben das regelrecht und genießen es, ihren Träumen bewusst eine Richtung zu geben. Dies nennt man auch „luzides Träumen". Morgens, wenn wir noch dösen, können wir bewusstseinsnah in Fortsetzungen träumen.

Viele Traumatisierte durchwachen die Nächte und schlafen dann gegen vier oder fünf Uhr morgens endlich erschöpft ein. Viele sind beunruhigt, denn sie glauben an die Mär vom „Acht-Stunden-Schlaf"; doch Schlafmediziner betonen immer wieder, dass es normal ist, zwischen den Schlafzyklen aufzuwachen. Gesunde Menschen bekommen dies jedoch meistens nicht mit, weil sie direkt wieder einschlafen.

Früher, als es noch kein elektrisches Licht gab, gingen die Menschen früh schlafen, wachten gegen Mitternacht wieder auf und tranken erst einmal einen Tee. Manche Menschen kommen mit fünf Stunden Nachtschlaf aus. Wenn jemand sagt: „Ich kann nicht schlafen, ich werde schon nach vier Stunden wach", dann würde ich das gar nicht als besorgniserregend empfinden, weil ein Schlaf vier Stunden am Stück doch schon eine ganze Menge ist.

Wenn es nun aber schon einmal so ist, dass man schlecht schläft, dann nutzt es wenig, sich um besseren Schlaf zu bemühen, denn ähnlich wie bei sexuellen Problemen oder bei der Verdauung wird es oft schlimmer, wenn wir bewusst etwas dagegen tun wollen.

Manche Traumatisierte bauen ihre Schlafstörung regelrecht in ihr Leben ein. „Ich repariere die Computer meiner Kunden immer nachts und lege mich gegen vier Uhr morgens ins Bett – das klappt schon seit vielen Jahren gut", sagte mir einmal ein Computerspezialist. Das ist eine Möglichkeit, wie man es machen kann. Ein ausgedehnter Mittagsschlaf kann oft reichen, um versäumten Schlaf in der Nacht nachzuholen.

Angststörung und Trauma: „Es ist, als wenn ich sterbe"

Immer wieder landete Jonas in der Notaufnahme. Herzrasen, Schweißausbrüche, Übelkeit, Schwindel, Atemnot. Jedes Mal dachte er, er müsse sterben. Und jedes Mal versicherten ihm die Ärzte: „Das ist eine Panikattacke – daran sterben Sie nicht."

Jonas war ein bisschen erleichtert, doch die Erleichterung hielt nicht lange an. Sobald die nächste Nacht kam, saß er mit denselben Symptomen im Bett und zitterte: „Es war ein Gefühl, als müsste ich sterben. Doch die Ärzte und die

Psychotherapeuten sind darauf nie eingegangen. Sie taten es immer ab und sagten so was wie: Natürlich müssen Sie einmal sterben – aber doch nicht jetzt!"

Dieses Gefühl zu sterben ist für die Betroffenen jedoch sehr echt: Am Ende des Lebens spielt häufig nicht mehr – wie viele glauben – der Schmerz die Hauptrolle, sondern die vegetativen Beschwerden wie Übelkeit und Atemnot sind das Problem (Borasio, 2014). Wir ahnen, wie es sich möglicherweise anfühlen wird, wenn wir einmal sterben.

Doch bei Frühtraumatisierten kommt noch eines hinzu: Sie waren nicht selten tatsächlich schon einmal sehr nah am Tod – und manche nicht nur einmal, sondern mehrmals. Beispielsweise können unsere Geburtserfahrungen in Form von Körpererinnerungen abgespeichert sein. Während der Geburt liegen Tod und Leben sehr nah beieinander. Sowohl die Mutter als auch das Baby spüren das. Babys, die früh medizinische Behandlungen erhielten, fühlten sich möglicherweise so, als würden sie gleich umgebracht werden. Ähnlich geht es Kindern, die andere Formen von massiver Gewalt erfahren. Auch das Weggesperrtwerden geht für Kinder mit tiefer Verzweiflung und häufig Todesangst einher. Opfer sexuellen Missbrauchs sagen oft von sich: Ich bin ein/e Überlebende/r.

Sollten Sie dieses Gefühl zu sterben kennen, dürfen Sie es ruhig ernst nehmen. Die Aussage „an einer Panikattacke stirbt man nicht" hat begrenzte Gültigkeit. 20-Jährige stecken eine Panikattacke körperlich noch gut weg. Doch Traumatisierte leiden häufig über Jahrzehnte immer wieder unter Panikattacken – jede Attacke bedeutet einen ungeheuren Stress für den Körper.

Verschiedene Studien haben gezeigt, dass Angststörungen und Panikattacken sehr wohl das Herz belasten und auch das Risiko für einen Herzinfarkt erhöhen können (Walters, 2008; Smoller, 2007; Kawachi, 1994).
Anders als Psychotherapeuten oft behaupten, lässt die Angst bei manchen

Menschen eben nicht nach einigen Minuten nach. Schwer Traumatisierte leiden nicht selten unter einem ständigen Angstgefühl und Panikattacken können sich in Wellen über viele Stunden hinziehen.

Dabei hilft immer wieder nur, sich selbst ernst zu nehmen, sich selbst möglichst nicht zu verlassen, sich gute Ärzte und Psychotherapeuten zu suchen und sich mit diesem Thema ernsthaft auseinanderzusetzen. Es bleibt oft nicht viel anderes, als ein tiefes Verständnis für sich selbst zu entwickeln, mit sich selbst über diese Zustände zu trauern und sich zu trösten.

Adipositas und andere Essstörungen

„Übergewicht und psychische Störungen hängen eng zusammen", hörte ich im Radio von einem Experten. Ich horchte auf – sollte das endlich einmal thematisiert werden? Die enttäuschende Kurve folgte sogleich: „Weil die dicken Menschen oft ausgegrenzt werden, kommt es zu Depressionen, worauf sie wiederum mit Essen reagieren." Enttäuscht stellte ich das Radio ab. Immer dasselbe – den Schritt vor dem Dicksein sieht kaum jemand: Das Trauma an sich kann der Auslöser für schweres Übergewicht sein.

„Ich musste mir den Magen verkleinern lassen, es gab keinen anderen Weg", sagt eine Patientin bei der Neuaufnahme in einer psychiatrischen Klinik. „Hatten Sie denn vorher keine Psychotherapie?", frage ich. „Doch, aber so richtig verstanden fühlte ich mich nicht." Ich frage nach der frühesten Kindheitserinnerung und nach der frühen Mutter-Kind-Beziehung. Die Patientin erzählt, dass die Mutter Essen in sie hineingestopft und sie anschließend am Erbrechen gehindert habe. „Haben Sie darüber auch in der Therapie gesprochen?", frage ich. „Nein", sagt sie. „Die Therapeutin sagte, es sei wichtig, das Hier und Jetzt zu bearbeiten, sodass wir hauptsächlich über meine Schwierigkeiten am Arbeitsplatz in den letzten Jahren sprachen."

Ich bin immer wieder sprachlos. Solche Therapiegeschichten begegnen mir immer wieder. Wer als kleines Kind so furchtbar aufwuchs wie diese Patientin, bei dem musste sich fast zwangsläufig eine so schwere Essstörung entwickeln.

Solange wir unsere Augen davor verschließen, wie grausam Kindheit mitten unter uns in unserem Lande sein kann, solange können wir den Betroffenen nicht wirklich helfen. Die ersten Kindheitsjahre sind und bleiben entscheidend für die psychische und körperliche Gesundheit im Erwachsenenalter. Beispielsweise hatte ich im Rahmen meines Vojta-Projektes wiederholt mit Erwachsenen gesprochen, die eine „unerklärliche Essstörung" entwickelt hatten. Sie erzählten, dass die Vojta-Therapie auf dem Küchentisch durchgeführt wurde. Näher können Zusammenhänge nicht liegen.

Auch die Essstörung symbolisiert sehr häufig die Beziehung zur Mutter. Kinder haben z. B. oft die Phantasie, man könne vom Essen schwanger werden – schließlich wird der Bauch davon dick. Bei jugendlichen und erwachsenen, magersüchtigen Patientinnen sind genau diese unbewussten Phantasien schwer am Werk. Unbewusste Phantasien können – anders als unsere vorbewussten Glaubenssätze – so tief sitzen, dass sie manchmal erst nach vielen Jahren der Suche an die Oberfläche kommen.

Auch die mehr oder weniger bewusste Vorstellung, einen „Penis im Hals" zu haben, kann zu Reizhusten, Würgen, Ekel vor Essen oder Erbrechen führen. Missbrauchserfahrungen in der frühen Kindheit äußern sich nicht selten in Essstörungen, die in der Pubertät anfangen. Werden die Zusammenhänge nach und nach entdeckt, neu durchlebt und mit dem Therapeuten geteilt, können sich für die Betroffenen ganz neue Wege eröffnen.

Die hier genannten Beispiele wirken natürlich sehr konkret und vereinfacht. Sie sind das Ergebnis oft jahrelanger, psychotherapeutischer Arbeit. Zusammenhänge zu kennen und darüber zu „wissen" ist etwas anderes, als sie wirklich emotional zu begreifen. Um therapeutisch etwas zu bewirken, ist es wichtig, dass der Betroffene eben dieses emotionale Begreifen erfährt. Dazu brauchen wir unter anderem auch die Fähigkeit, zu „mentalisieren".

Traumata reduzieren die Mentalisierungsfähigkeit

Wir können über uns selbst nachdenken und auch darüber, was die anderen wohl gerade vorhaben, sich wünschen und meinen. Diese Fähigkeit, über uns selbst und andere nachzudenken, nennt sich Mentalisierungsfähigkeit. Wir haben sie in der Kindheit erworben. Ab etwa einem Alter von fünf Jahren können wir uns gut in andere Menschen hineinversetzen und uns vorstellen, wie es ihnen wohl geht und was sie vielleicht denken mögen. Wenn es uns gutgeht und wir in Ruhe sind, dann können wir gut über uns und andere nachdenken.

Wenn wir aber in Stress geraten, dann kann unsere Fähigkeit nachzudenken stark nachlassen. Wir können uns schon allein dadurch verwirrt und gestresst fühlen, dass wir gerade mit einem anderen Menschen zusammen sind. Wenn wir in Panik sind, dann läuft alles in uns quasi automatisch ab – Nachdenken würde uns nur behindern und uns unnötig Zeit kosten. „Ich bin nur noch gelaufen" oder „Was habe ich nur getan?", denken wir manchmal nach einem Ereignis, das uns in Panik versetzt hatte.

Unsere Fähigkeit nachzudenken reift nochmals stark in der Pubertät. Wir konnten unsere Eltern auf einmal sehen, „wie sie wirklich sind". Als Kind neigten wir noch dazu, unsere Eltern für die Größten zu halten – wir waren ihnen zugeneigt, egal wie schlimm sie sich uns gegenüber verhielten. Wenn kleine Kinder von ihren Eltern gequält werden, dann setzt ihre Fähigkeit nachzudenken teilweise aus. Wenn sie sich bewusst würden, wie ihre Eltern wirklich sind, was sie vorhaben und tun und wie sie fühlen und denken, dann wäre diese Erkenntnis einfach zu schrecklich, um weiter mit ihnen zusammenleben zu können. Kleine Kinder sind auf ihre Eltern angewiesen und setzen Schutzmechanismen ein, damit dieses Zusammenleben möglich wird.

Werden die traumatisierten Kinder älter, stellt sich nicht selten heraus, dass sie Schwierigkeiten haben, in gesunder Weise zu mentalisieren. Zum Beispiel können sie „zu stark" nachdenken, also hypermentalisieren. Wenn Sie z. B. eine jähzornige Mutter hatten, dann werden Sie als Kind Ihre Mutter genau beobachtet haben. Sie werden auf ihre Signale geachtet und gelernt haben, Ihre Mutter so gut wie möglich einzuschätzen.

Das Problem, das daraus entsteht: Wenn Sie mit diesem Denken groß geworden sind, dann neigen Sie möglicherweise dazu, sich ganz sicher zu fühlen in Ihrer Einschätzung Ihrer Mutter, aber auch anderer Menschen. „Ich bin mir ganz sicher, dass der andere gerade schlecht über mich denkt" oder „Ich bin mir ganz sicher, dass der andere mich gerade abfällig angeschaut hat", denken Sie dann vielleicht. Wann immer der andere Mensch auch nur im Geringsten Ihrer Mutter ähnelt, sind Sie sich „ganz sicher", dass Sie ihn einschätzen können. Und dadurch, dass Sie nach einer qualvollen Kindheit dazu neigen, andere automatisch ähnlich zu erleben wie Ihre Mutter, wird dies zu einer doppelten Gewissheit. Der Vorgang, dass Sie in anderen Menschen immer wieder Ihre Mutter oder Ihren Vater sehen, nennt sich „Übertragung".

> Es ist für traumatisierte Menschen extrem schwer zu bemerken, dass sie sich in Bezug auf andere Menschen verschätzen. Wenn wir andere Menschen erst kennenlernen, dann kennen wir sie eben noch nicht. Die Begegnung ist neu, das Kennenlernen ist neu und wir sind mit vielen Ungewissheiten konfrontiert.

Doch Ungewissheit wurde in einer schweren Kindheit als Todesgefahr erlebt. Das bedeutet: Wenn Sie traumatisiert sind, werden Sie versuchen, den anderen so rasch wie möglich in eine Schublade zu stecken, ohne dass Sie es merken. Sie halten sich vielleicht sogar für sehr offen und tolerant und doch können Sie in diese Falle tappen, dass Sie dem anderen rasch unterstellen, so wie die Mutter zu sein. Sie fühlen sich dann „ganz sicher", dass der andere so oder so denkt.

Durch diese trügerische „Sicherheit" sind die Betroffenen gefangen. Dadurch, dass sie den anderen in einer bestimmten Weise betrachten, reagiert der andere häufig in einer bestimmten Weise. So kann sich bisher Erlebtes auch mit anderen Menschen immer und immer wieder wiederholen.

> Die hohe Kunst besteht darin, dass wir auch dann nachdenken können, wenn wir uns in einem extrem affektiven Zustand befinden, also wenn wir gerade hassen, wütend sind, uns unsicher fühlen oder Angst haben.

Manche Menschen verfügen über eine sehr gute Mentalisierungsfähigkeit, das heißt, sie können innerlich ruhig genug bleiben, um weiterhin nachzudenken, obwohl sie körperlich und psychisch stark erregt sind und starke Gefühle haben. Psychologen sagen auch, dass diese Menschen eine gute Fähigkeit zur „Online-Affekt-Mentalisierung" haben: Während ihr Affekt, also ihr starkes Gefühl, da ist, können sie trotzdem eine Spur mitlaufen lassen, auf der sie nachdenken können. In einer Fernsehdokumentation erzählte ein Pilot: „Auch wir geraten in Situationen, in denen uns schlecht wird und in denen wir Angst bekommen. Im Gegensatz zu den meisten anderen gelingt es uns aber, dann ruhigzubleiben und weiterhin nachzudenken."

Eines von vielen Zielen bei der Behandlung von Trauma-Patienten ist es, die Betroffenen dazu zu befähigen, auch während starker Gefühle weiterhin nachdenken zu können. Neurobiologisch gesprochen soll die Verbindung zum Frontalhirn (dem Sitz unserer Persönlichkeit und Vernunft) sowie zum Sprachzentrum erhalten bleiben und in der Aufregung nicht gekappt werden, wie es bei schwer Traumatisierten anscheinend oft der Fall ist.

Außerdem sollen die Betroffenen mithilfe der Therapie fähiger werden, Unangenehmes, Schmerzhaftes und Unsicherheiten auszuhalten und bewusst darauf zu verzichten, sofort zu reagieren oder sich in Bezug auf jemand anderen „ganz sicher" zu sein.

Das kann meiner Erfahrung nach am besten in einer Psychoanalyse erreicht werden, denn hier entstehen im Zweierkontakt mit dem Therapeuten mitunter sehr starke Gefühle – gleichzeitig findet auch eine „Übertragung" statt, das heißt, der Patient sieht im Therapeuten z. B. die eigene Mutter oder den eigenen Vater. So fühlt der Patient sich – im negativen Sinn – wieder wie zu Hause und es wird möglich, im Nachhinein noch einmal genau zu erfassen, was damals möglicherweise war und wie es ihm ergangen sein musste. Hier hat man die Möglichkeit und die Zeit, altbekannte Situationen immer wieder herzustellen und zu bearbeiten. Psychoanalytiker sagen zu diesem Prozess: „Erinnern, Wiederholen, Durcharbeiten" – eine Begriffsgruppe die von Sigmund Freud stammt.

Enge Innenräume erweitern

Wir können nur nachdenken, wenn wir einen „Denkraum" haben, wie es z. B. der Psychoanalytiker Wilfred Bion genannt hat. Infolge von Traumata ist der innere Denk- und Fühlraum oft eingeschränkt. Diesen Raum zu erweitern, ist das Ziel von Psychotherapien, aber auch von Meditationstechniken.

Auch der Denkraum entsteht in der frühen Kindheit durch das Zusammenspiel mit Mutter und Vater. Wenn wir als Baby unsere Affekte wie z. B. Hunger, Frustration und Angst spürten, dann schrien wir. Abwarten, nachdenken, Worte finden, das gab es in der vorsprachlichen Zeit noch nicht. Unsere Mutter hat anhand unseres Schreiens versucht zu erfühlen, was uns fehlen oder vielleicht zu viel sein könnte. Wenn unsere Mutter ein gutes Einfühlungsvermögen hatte, dann konnte sie unsere Bedürfnisse erfühlen oder erraten und stillen.

Wir haben – bildlich gesprochen – unsere Gefühle in die Mutter gelegt. Sie hat diese Gefühle aufgenommen und beantwortet. Sie gab uns ein gutes Gefühl zurück, indem sie uns wärmte, stillte, hielt, satt machte oder beruhigte. Diesen Kommunikationskreislauf haben wir verinnerlicht. Wir können heute sagen: „Ich beruhige mich", das heißt, dass wir unsere eigenen Gefühle erkennen und beantworten können.

Wir können unser Gefühl sozusagen in einem inneren Behälter halten und etwas damit machen. Was heute unser innerer Behälter ist, das war zu Beginn unseres Lebens – bildlich gesprochen – unsere Mutter. Kleine Kinder können ihre Gefühle nur in geringstem Ausmaß selbst halten. Sie schwappen quasi gleich über, befreien sich durch Schreien und sind darauf angewiesen, dass die Mutter die Gefühle des Kindes reguliert.

Ähnlich können wir es uns mit unserem Denkraum vorstellen. Wir haben Gedanken, die in uns aufkommen und uns bewusst werden. In unserem Denkraum können wir darüber nachdenken und Lösungen für unsere Fragen finden. Wie gut wir denken können und wie groß unsere inneren Räume zum Fühlen und Denken sind, hängt unter anderem davon ab, welche Erfahrungen wir mit dem Gehaltenwerden in der frühesten Kindheit gemacht haben.

Auch andere Bezugspersonen konnten uns helfen, einen inneren Raum zu entwickeln. Manchmal spüren wir, wie unser innerer Behälter kleiner wird oder schon voll ist, z. B. wenn wir an einem Tag viel Stressiges erlebt haben. „Es ist mir alles zu viel! Wenn mir jetzt noch irgendwer mit was kommt, dann explodiere ich!", sagen wir. Oder wir sagen: „Ich könnte kotzen." Das zeigt, wie wir unseren inneren Raum spüren und wie wir spüren, wenn er zu voll wird.

Es kann interessant sein, über den eigenen inneren Raum nachzudenken. Versuchen Sie einmal, Gefühle in sich ausdehnen zu lassen, indem Sie z. B. nicht sofort auf ein Gefühl reagieren. Das kann unglaublich schwierig sein!

Versuchen Sie einmal in der hitzigen Wut, nicht direkt etwas zu sagen, sondern sich eine Weile mit der Wut innerlich zu beschäftigen. Das lässt sich trainieren wie ein Sport. Während man anfangs noch denkt, dass es kaum auszuhalten ist und dass man „platzen" könnte, spürt man mit der Zeit, wie man seine eigenen Gefühle immer besser halten kann und sich der innere Raum ausdehnt.

Dieses Halten von Gefühlen und das Denken im Denkraum ist auch zu vergleichen mit dem Aufnehmen von Nahrung in unseren Magen oder dem Aufnehmen von Luft in unsere Lungen. Viele traumatisierte Menschen leiden an einem Reizdarmsyndrom – wenn Druck und Stress entstehen, können sie nicht nur ihre Gefühle nicht mehr halten, sondern auch ihren Darminhalt. Manche Menschen geraten infolge von Stress in die Hyperventilation oder sie bekommen asthmatische Anfälle.

Einen inneren Raum schaffen bzw. vergrößern können wir zum Beispiel durch Atemübungen. Hier spüren wir ganz direkt, wie es ist, Luft von außen in unsere Lungen aufzunehmen und einen Innenraum für das Äußere zu haben. Durch Atemübungen im Yoga (Pranayama) können wir die Fähigkeit der Lunge erhöhen, Atemluft aufzunehmen und zu halten. So machen wir die direkte, körperliche Erfahrung, wie es ist, durch Übung einen inneren Raum auszudehnen. Diese Erfahrung können wir auf unseren psychischen Raum übertragen.

Wer unter einem kleinen psychischen Raum leidet und schnell „überläuft", für den ist es optimal, wenn er eine intensive Psychotherapie oder Psychoanalyse machen kann, denn der Therapeut wird genau zu dem „Behälter", also zu dem Raum, den früher die Mutter für uns bereithielt. Im Laufe unserer Entwicklung in der Therapie können wir diesen Behälter quasi „verinnerlichen", sodass wir ihn auch haben, wenn der Therapeut nicht da ist. Es lässt sich also durchaus einiges nachholen von dem, was in der frühen kindlichen Entwicklung zu kurz kam.

Berührungsmangel

„Ich habe noch nie einen Partner gehabt, von Sex ganz zu schweigen", sagt die hübsche Akademikerin mit ihren roten Haaren und den kessen Sommersprossen. „Ich sehne mich sehr nach Berührung, doch sobald ein Mann in meine Nähe kommt, wehre ich ihn irgendwie ab. Ich kann noch nicht einmal sagen, warum ich das mache oder wie. Ich sage etwas Abstoßendes und weg ist er." Die 31-Jährige weint. Sie weiß nicht, was sie noch machen soll. Sie sei jeden Tag nahe am Suizid, ertränke ihre abscheulichen Lebensgefühle immer wieder in Alkohol. Sie wurde als Kind jahrelang von ihrer Mutter körperlich gequält.

Welcher Zustand könnte schlimmer sein als die unbewusste Allergie gegen emotionale und körperliche Berührung?

Es ist wie mit verbrannter Haut: Verbrennungsopfer darf man im akuten Stadium nicht anfassen. Weiche Liegen, flauschige Decken, Streicheln – all das ist anfangs nicht möglich. Das Sich-sehnen nach Berührung kann in unserer Gesellschaft enorme Ausmaße annehmen. Perverserweise darf man sich kaum noch gegenseitig berühren – in vielen psychotherapeutischen Kliniken bekommen die Mitarbeiter eingeschärft, dass sie Patienten keinesfalls anfassen dürften. Die tröstende Umarmung, das mutmachende Schulterklopfen – das alles entfällt aus Furcht vor sexuellen Übergriffen in öffentlichen Einrichtungen.

Für viele, die an Berührungsmangel leiden, ist es in unserer kargen Berührungslandschaft kaum noch auszuhalten. Meistens besteht weniger eine Angst vor der Berührung durch Fremde, als vielmehr eine Abneigung vor dem Berührtwerden durch vertraute Menschen. Besonders schwierig wird es z. B. beim Anbahnen einer Partnerschaft.

Die Betroffenen gehen mit dem Berührungsmangel ganz unterschiedlich um. Manche gehen zur Massage, sofern sie diese Form von Berührung ertragen können. Um sexuelle Bedürfnisse zu befriedigen, bieten sich Intimmassagen an, die unter den Schlagworten „Yoni-Massage" (Yoni = Scheide) oder „Lingam-Massage" (Penismassagen) zu finden sind. Hier gibt es seriöse Anbieter; allerdings sind die Angebote oft teuer und die Gefahr besteht, sich nach so einer Massage leer oder noch einsamer zu fühlen. Wenn man während der Massage feststellt, dass sie einem nicht guttut, ist es für viele schwierig, sie abzubrechen, weil sie den Masseur nicht kränken wollen.

Der hilfreichste Weg aus dem Gefühl des Berührungsmangels ist es aus meiner Sicht, seinen Körper (z. B. durch Yoga) neu kennenzulernen und die Kunst der Kommunikation so zu erlernen, dass tiefe, geistige Beziehungen und wirklich befriedigende Gespräche möglich werden. Durch den neuen Umgang mit dem eigenen Körper, geht man auch mit sich selbst und anderen anders um. Im traditionellen Yoga wird zudem viel über Beziehungen gelehrt.

Manche finden auch den Weg zu einem Kontaktsport wie etwa Judo, Aikido oder Taekwondo. Alles, was die Sinne anspricht, kann hilfreich sein, z. B. auch Tanztherapie, ein Tanzkurs (es gibt u. a. therapeutisches Tango Argentino), Bogenschießen oder Musizieren, indem man beispielsweise Irish fiddeln erlernt und das regelmäßig mit anderen macht. Auch Singen im Chor, Reisen oder ein Extremsport können hilfreich sein.

Oft erlernen die Betroffenen die verschiedensten Künste umso intensiver, je tiefer die Verzweiflung ist, denn durch die Professionalisierung erreicht man eine besondere Konzentrationsstärke und ein besonders tiefes Versinken in das, was man tut.

Die Hingabe und starke Verbindung zu dem, was man gerne macht und gut beherrscht, kann bei starkem Berührungsmangel oder Einsamkeit ungeheuer tröstlich sein, denn die tiefe Erfahrung, die man z. B. beim Yoga, beim Sprachenlernen, Malen oder Singen macht, kann einem Gefühl von tiefer Berührung sehr nahekommen.

Die überwältigende Mutter in mir - Trauma und die „inneren Objekte"

Wir speichern nicht nur verletzende Szenen und Atmosphären ab, sondern insbesondere auch die Menschen, die mit dem Trauma verbunden waren. Andere Menschen, die wir sozusagen innerlich mit uns tragen, heißen in der Psychoanalyse „innere Objekte". Unsere wichtigsten „inneren Objekte" sind in der Regel Mutter und Vater. Doch auch Freunde, ehemalige Lehrer, Vorbilder oder Feinde sind in uns abgespeichert.

Unsere engsten inneren Objekte können ganz schön unser Leben bestimmen – jedenfalls fühlt es sich oftmals so an. Manche fühlen sich phasenweise von Mutter oder Vater regelrecht innerlich verfolgt, wenn sie sehr schlechte Erfahrungen mit ihren Eltern gemacht haben. Insbesondere eine emotional überwältigende Mutter kann innerlich stark behindernd nachwirken.

Menschen, die schlimme Erfahrungen mit Vater oder Mutter gemacht haben, sagen oft: „Ich will bloß nicht so werden wie meine Mutter / wie mein Vater!" Sie laufen innerlich ständig weg und vermeiden es, so zu klingen, zu denken, zu fühlen oder sich so zu bewegen wie die Mutter oder der Vater es taten.

„Manchmal habe ich das Gefühl, meine eigene Mutter spricht aus mir", vielleicht kennen Sie diesen Satz von sich selbst. Für Menschen, die eine überwältigende Mutter hatten, ist er besonders schlimm.

„Ich finde es schlimm, dass man vor seiner Mutter und seinem Vater nie ganz wegrennen kann – schließlich trage ich ihre Gene in mir, ich bin ja aus ihnen entstanden", sagt ein Patient. Für ihn war es sehr schwer, eine eigene Identität zu entwickeln, da seine Eltern ihn ständig mit einem „das darfst du nicht" und „das tut man nicht" verfolgten. Diesem Patienten mangelt es an einem Identitätsgefühl und er hat das Gefühl, seine Eltern seien „in ihm" auch noch Jahre nach ihrem Tod mächtig und einflussreich.

„Das Gefühl, dass mein Vater irgendwie in mir ist, ist manchmal so stark, dass ich mich am liebsten umbringen würde", sagt ein anderer Patient. Es fühlt sich manchmal so an, als könne man den Vater / die Mutter gar nicht mehr von sich abschütteln. Psychoanalytiker sprechen hier auch von einem „malignen Introjekt": Der andere (hier also Vater oder Mutter) scheint wie ein bösartiger Tumor in einem drin zu sitzen.

Entlastend kann es sein, wenn man weiß, dass bestimmte Gefühle diese Phantasie vom malignen Objekt hervorrufen können. Wenn Sie sich gerade schlecht fühlen, kann es sein, dass Ihre „innere Mutter" sehr groß in Ihnen wird. Oder auch umgekehrt: Wenn die innere Mutter gerade sehr mächtig ist, werden entsprechende Gefühle ausgelöst. Eine Patientin stellt es so dar:

„Ich dachte, ich hätte meine Mutter in mir, dabei war ich nur chronisch wütend – an dieses Gefühl der ständigen Wut war das Bild meiner Mutter geknüpft, weil ich eben von ihr als Kind unterdrückt wurde und immer Wut mit ihr verband. Wenn ich heute wütend werde, habe ich meistens gleichzeitig noch die Vorstellung davon, wie es war, mit meiner Mutter zusammen und auf sie wütend zu sein." Wenn man jedoch das Gefühl erkennt, kann man mit der Zeit das Bild der Mutter davon abtrennen und nur noch das Gefühl wahrnehmen.

Es ist ähnlich wie mit traumatischen Szenen, die sich einem immer wieder aufdrängen: Das Schlechte ist viel zu nah und wir fühlen uns, als hätten wir keine Möglichkeit, dem schlechten, inneren Menschen Einhalt zu gebieten. Manchmal ist es ein lebenslanger innerer Kampf, den man immer wieder mit sich führt.

Doch wer sich vornimmt, nicht mehr zu kämpfen, der kann die inneren Spannungen oft reduzieren. Und wer diese inneren Kämpfe als zu sich gehörig akzeptiert und lernt, sie mit innerem Abstand zu beobachten, der kann ebenfalls immer wieder Abstand zu seinen inneren Szenarien finden.

Rein tut's weh und raus tut's weh

Beim Trauma gibt es zwei große Schmerzpunkte: Den Einstiegspunkt in das Trauma und den Ausstiegspunkt aus dem Trauma heraus. Wenn ich beispielsweise durch traumatische Erfahrungen gelernt habe, mich „zuzumachen" und anderen den emotionalen Zugang zu mir zu verwehren, dann war das eine schmerzhafte Entwicklung hin zur Einsamkeit. Damals war dieser Mechanismus sinnvoll, denn so konnten die Angreifer, z. B. die Eltern, durch extremen Rückzug draußen gehalten werden. Sind wir erwachsen, sind die damaligen Abwehrmechanismen jedoch nicht mehr sinnvoll. Sie stellen uns immer wieder vor neue Probleme.

„Du machst immer zu", sagt uns die beste Freundin (falls wir denn eine haben). „Es ist sehr ärgerlich, wie Sie sich verhalten", sagt der Chef. „Es ist, als könnte ich Sie nie erreichen. Alles, was ich sage, prallt an Ihnen ab."

Wir spüren auf einmal, wie uns alte Abwehrmechanismen in Schwierigkeiten bringen. Wenn wir dann auch in der Psychotherapie wirklich merken, wie sehr wir uns verschließen und wie unmöglich es uns scheint, uns wieder zu öffnen, dann tut uns alles wieder weh.

> Auf dem Weg heraus aus der ursprünglichen Abwehr stoßen wir auf viele Schwierigkeiten. Wir sind ungeschickt, ungeübt und immer wieder voller Angst. Dagegen kämpfen wir wiederum an und preschen vielleicht vor, zeigen uns distanzlos, arrogant, grenzüberschreitend oder verletzend.

Durch unser verletzendes oder irritierendes Verhalten werden wir erneut von anderen abgelehnt. Manchmal machen wir den anderen durch unser Verhalten regelrecht Angst.

Das Problem ist dann oft, dass wir uns erneut ungerecht behandelt fühlen, ohne zu sehen, wie wir auf andere wirken. Es kann sehr schwierig, aber sehr hilfreich sein, sich zum Beispiel abends zu fragen: Wo habe ich möglicherweise anderen weh getan? Wo habe ich dem anderen wehtun wollen, weil ich mich verletzt fühlte? Wo habe ich den anderen unwillentlich in die Ecke gedrängt? Dabei geht es nicht darum, sich erneut „fertig" zu machen, wie vielleicht die Eltern es taten, sondern wirklich zu untersuchen, was wir selbst tun. Denn wenn wir gezielt aufhören können, den anderen wehzutun, geht es uns selbst auch besser.

Der Versuch also, die aktuellen Mechanismen zu analysieren, es dann anders zu machen und neue Wege zu gehen, ist genauso schmerzhaft wie das damalige Eintauchen in die Abwehr, in die Abgeschiedenheit und Isolation. Deshalb fühlen sich Traumata auch so „unfair" an – andere scheinen einfach sorglos leben zu können, während traumatisierte Menschen jedes Stückchen „Normalität" mühevoll erringen müssen.

DER UMGANG MIT TRAUMA IN DER GESELLSCHAFT

Überall wird getriggert

Ein Leben lang habe ich mich mit schweren Traumata auseinandergesetzt – sowohl als selbst Betroffene als auch mit zahlreichen Patienten, die an schwersten Traumata leiden. Immer wieder kann ich einfach nur leise weinend den Kopf schütteln, wenn ich sehe, wie sehr vereinfacht Traumata in der Öffentlichkeit, aber auch in der Psychiatrie, manchmal dargestellt werden.

Im Internet kursieren beispielsweise immer wieder „Trigger-Warnungen". Wenn ich jemanden „triggere" bedeutet das, dass ich das Trauma im Betroffenen wieder wachrufe. Beispielsweise „triggere" ich einen traumatisierten Menschen, wenn ich ihm eine Geschichte erzähle, die ihn an sein Trauma erinnert. Er kann dann möglicherweise mit bestimmten Symptomen reagieren wie z. B. Angst, Beklemmung und Unruhe.

So sieht jedenfalls die simple Vorstellung dahinter aus. Natürlich kann ich Menschen „triggern", wenn ich ihnen Bilder von Gewaltszenen zeige. Das ist aber mitunter auch ein „normaler" Mechanismus. Daher überlegen z. B. die Redakteure der Tagesschau jeden Tag, welche Bilder sie den Zuschauern zumuten können und welche nicht.

Ich habe oft das Gefühl, dass mit der „Trigger-Warnung" im Internet auch kokettiert wird. Wenn da steht „Achtung Trigger" und ich aktiv auf „mehr lesen" klicken muss, dann tue ich das mit einer erhöhten Lese-Lust und einer gewissen Lust an der Angst. Meine Neugier ist geweckt, vielleicht sogar ein Hauch von Sensations-Geilheit.

> Wir können nie wissen, womit wir einen traumatisierten Menschen „triggern" können, weil eben jeder Betroffene in einer ganz speziellen Weise traumatisiert wurde.

„Ich weiß überhaupt nicht, warum ich jetzt schon wieder so mit Angst reagiere – da war doch gar nichts!", ist eher eine Aussage, die ich höre als der Satz: „Ich wurde gerade getriggert."

Manches ist vielen gemeinsam – beispielsweise können viele früh traumatisierte Menschen keine lauten Streitereien oder schreiende Babys ertragen, weil sie das an eigene Erfahrungen erinnert. Viele können nicht ins Kino gehen, fürchten Arzt- oder Zahnarztbesuche und fahren nicht mit dem Aufzug.

Dennoch glaube ich nicht, dass „Trigger-Warnungen" in irgendeiner Weise hilfreich sein könnten. Für den einen ist vielleicht die Tageszeit morgens um 10 Uhr ein Trigger, weil die Gewalt häufig um diese Zeit losging. Ein anderer erschreckt sich, wenn er eine bestimmte Melodie oder Stimme hört. Einzelne Worte, Sätze oder Bilder können auf subtile Weise „triggern", also ungute Erinnerungen und Angstgefühle hervorrufen. Wenn der Täter bestimmte Worte sagte, bevor er sadistisch ans Werk ging, können eben diese Worte innerliche Katastrophen auslösen. Auch das Gefühl, sich entscheiden zu müssen oder das Gefühl, erschreckt zu werden, kann wie ein Trigger wirken.

Doch auch eigene Phantasien können traumatisch wirken und dann durch entsprechende Außenreize wieder aktiv werden. So haben kleine Jungen in einem bestimmten Alter z. B. oft Angst vor lauten Sägen oder Maschinen, weil damit ihre unbewusste Angst vor Kastration geweckt wird. Nicht wenige Jungs haben große Angst davor, einen Körperteil oder konkret ihren Penis zu verlieren. Das äußert sich bei manchen Kindern z. B. in einer großen Angst vor dem Friseur. „Beschnitten" zu werden in irgendeiner Form, löst in ihnen größte Ängste aus. Wenn dann von außen etwas kommt, das gerade auf die beängstigende Phantasie trifft, kann das besonders starke Ängste auslösen.

Die Kastrationsangst bleibt im Unbewussten auch im Erwachsenenalter noch bestehen. Bei manchen ist diese Angst größer, bei anderen kleiner – je nachdem, welche Erfahrungen der Betroffene gemacht hat. „Ich bekomme noch immer eine Gänsehaut, wenn ich Motorsägen höre", sagt ein Mann, der als Kind oft den Satz hörte: „Ich schneid dir den Daumen ab, wenn du nochmal nuckelst."

Wann immer er seine Angst vor lauten Geräuschen zeigte, war keiner da, der ihn verstand und ihm half, diese Angst zu verarbeiten. Ein Werbeplakat für Heckenscheren kann diesen Menschen „triggern", doch ist es nur schwer möglich, in einer Welt zu leben, die frei von angsterregenden Bildern und Worten ist.

„Mir hilft diese Trigger-Warnung aber", sagt eine Frau im Internet. Sie hat das Gefühl, dass andere auf sie Rücksicht nehmen und es tut ihr gut, dass sie endlich auch einmal gefragt oder gewarnt wird. Sie hat so den Eindruck, die Wahl zu haben, ob sie sich etwas potenziell Schädigendes anschaut oder nicht. Auch diese Meinung ist durchaus nachzuvollziehen. Wichtig finde ich es jedoch, die Idee vom „Triggern" zu hinterfragen und nicht mit allzu einfachen Bildern über Traumatisierungen durch die Welt zu gehen.

Zu große Vorsicht kann allerdings auch neue Schwierigkeiten auslösen: „Keine Angst, ich werde dich nicht berühren", sagte eine Frau bei der Begrüßung zu ihrer Bekannten. Die Frau wusste, dass die Bekannte einst körperlich misshandelt worden war. Die Betroffene begegnet jedoch immer wieder Menschen, die sich nicht trauen, sie anzufassen, weil sie glauben, sie könnten sie damit in Nöte bringen. Doch die junge Frau sehnt sich nach Berührung! Berührung beruhigt sie. Sie leidet immer wieder unter der Vorsicht der anderen.

Andererseits kann es auch sein, dass der andere Berührungsängste hat. Unbewusste Phantasien können dazu führen, dass der andere den Betroffenen nicht berühren möchte. Der andere hat vielleicht die Vorstellung, er würde durch eine Umarmung selbst etwas von dem „Schmutz der Vergangenheit" des Betroffenen abbekommen.

Es ist alles hochkomplex miteinander verwoben. In unserer Gesellschaft verschieben wir häufig die Gewalt und üben sie unter dem Deckmäntelchen der „Therapie" aus. Besonders am Lebensanfang und am Lebensende fahren wir große medizinische Maßnahmen auf, die teilweise von ungeheurer Gewalt geprägt sind. Wir sollten nicht die Augen davor verschließen.

> Wir müssen immer in persönlichen Kontakt mit einem anderen treten, um zu wissen, was seine persönliche Empfindlichkeit ist und was nicht. Und selbst das kann sich von Tag zu Tag, sogar von Stunde zu Stunde ändern.

Und wenn der Trigger die nahe Zweierbeziehung an sich ist? - Beziehungsangst

„Ich weiß überhaupt nicht, warum ich hier schon wieder so eine Angst habe", sagt eine Analysandin auf der Couch liegend. „Ich habe nichts gerochen, was mich an mein schreckliches Zuhause erinnern würde, ich habe keine Gewaltszenen gesehen, die mich triggern würden, ich habe überhaupt nichts Beängstigendes gesehen oder gehört und dennoch bin ich hier und mir ist übel und ich möchte einfach nur noch weglaufen", sagt sie verzweifelt. Doch wovor könnte die Betroffene Angst haben? Wo sollte man nach Auslösern suchen?

Beim Beziehungstrauma sieht man manchmal den Wald vor lauter Bäumen nicht. Was der Patientin Angst macht, ist die pure Zweierbeziehung an sich. Es macht ihr Angst, mit dem Analytiker in Beziehung zu treten, mit ihm in einem

Zimmer zu sein und ihn zu mögen. Die eigenen Phantasien machen ihr Angst – unbewusst fürchtet sie sich sogar vor ihrer eigenen sexuellen Erregung oder vor einem Aufkommen von Wut. Vielleicht hat sie auch Hassgefühle gegenüber dem Therapeuten, weil er nicht ihr gehört, weil er schon wieder Urlaub macht und sie allein zurücklässt. Vielleicht hat sie aber auch Angst, weil sie im Liegen auf der Couch befürchtet, der Therapeut hinter ihr könnte plötzlich aufspringen und sie angreifen.

Kurzum: Die Patientin spürt die Zweierbeziehung. Und es ist diese Zweierbeziehung selbst, die der „Trigger" für sie ist. All ihre schmerzlichen, angsterregenden und widersprüchlichen Gefühle steigen in ihr auf, allein, weil sie sich in einer Beziehung befindet.

Sie fühlt sich von ihren eigenen Gefühlen, peinlichen Wünschen, Ängsten und Phantasien wie gelähmt. Obwohl alle Türen offenstehen, hat sie das Gefühl, sie könne nicht mehr weglaufen. Sie glaubt, der andere könne ihre Ängste nicht verstehen und sie fürchtet sich vor ihren eigenen Aggressionen. Wenn sie das Bedürfnis verspürt, alles kaputtmachen zu wollen, befürchtet sie die „totale Zerstörung". Als könnte eine Kraft in ihr durchbrechen, die ihr alles kaputtmacht, sodass sie am Ende vollkommen allein zurückbleibt. Es wird der Patientin ganz schlecht.

Diese Ängste sind oft bei den Menschen so extrem, die eine furchtbare Mutter-Kind-Beziehung erlebt haben. Der Elternteil, der Schutz bieten und beruhigen sollte, war gleichzeitig der Elternteil, von dem immer wieder Gefahr ausging. Wie sollte man das einordnen können? Es stellte das Kind vor eine unauflösbare Situation, die in seinem Inneren bis heute weiterlebt. Da kann es einem nur schlecht werden, da kann man das Schlechte bzw. den anderen neben sich oder gar „in sich" nur noch auskotzen oder im Durchfall loswerden.

Die Patientin fühlt sich wie gefesselt und erstarrt, obwohl der Therapeut selbst freiheitsliebend, offen, zugewandt, emotional zufrieden, verheiratet und gelassen ist. „Man weiß ja nie!", denkt die Patientin. „Selbst der gewissenhafteste Therapeut kann sexuell übergriffig werden!"

Hier kann die Angst jedoch auch ein verborgener Wunsch sein, frei nach dem Motto: „Und? Hat er dich sexuell belästigt?" „Nein, leider nicht." Die Patientin fürchtet also verschiedene Dinge in Ihrem Unbewussten: die eigenen Wünsche nach Sexualität, ihre Unsicherheit und den möglichen tatsächlichen Übergriff.

> Man kann sich bei einem anderen Menschen nie ganz sicher sein. Doch Traumatisierte neigen dazu, Unsicherheiten mit negativen, gedanklichen Szenarien auszufüllen - das ist ihnen „lieber" als etwas unsicher und offen zu halten.

Andererseits ist es auch wichtig, sich über das Thema „Vertrauen" Gedanken zu machen. Blindes Vertrauen ist meistens nicht gut (obwohl einem manchmal nichts anderes übrigbleibt). Ständiges Misstrauen kann jedoch auch eine Art Racheakt, Strafe oder Gängelung sein: „Egal, wie du dich anstrengst – ich werde dir nie vertrauen!", möchten wir sagen. Übertriebenes Misstrauen kann eine Möglichkeit sein, seine Aggressionen auszuleben oder sich selbst in Szene zu setzen. Wenn wir uns jedoch konstruktive Gedanken zum Thema „Vertrauen" machen, dann können wir manchmal überrascht feststellen, dass wir dem anderen schon längst vertrauen.

„Und wo bin ich?" - Opfer und Täter erkennen

„Merkst du eigentlich, wie sehr du mich in die Ecke drängst?" Lena war fassungslos, als ihr Partner ihr das an den Kopf warf. Was hatte sie denn getan? „Du gibst mir immer das Gefühl, keine Wahl mehr zu haben. Ich fühle mich immer so eingequetscht von dir, du lässt mir ja kaum Luft zum Atmen." Lena war entsetzt. So hatte sie es noch nie gesehen. SIE fühlte sich doch immer in die Ecke gedrängt, SIE war es doch, die als Kind eingesperrt worden war. Sollte Sie nun – ohne es zu merken – im Zusammensein mit anderen dieselben Mechanismen entwickelt haben?

Lena hat einen Riesenschritt getan. Sie hat sich auf einmal eine wichtige Frage gestellt und das Blatt einmal umgedreht. Meistens sieht sie sich nur als Opfer der anderen. Sie hat immer das Gefühl, die anderen machen etwas, das gegen sie gerichtet ist. Sie konnte es sich bisher nicht erklären. Aber könnte es sein, dass die anderen auch reagieren auf das, was SIE mit ihnen macht? Lena ist wie erstarrt. In diesen Momenten kann sie das erste Mal zulassen, auch sich selbst als „Täterin" zu sehen.

Sie begreift, dass sie selbst anderen wehtut, dass sie andere in die Ecke drängt und „quält" – bisher ohne es bewusst zu wollen oder bemerkt zu haben. Sie macht sich große Vorwürfe. Doch sie konnte bislang nichts dafür, denn sie handelte aus ihrem Unbewussten heraus.

Lena hatte Angst, von anderen erdrückt zu werden, also drehte sie immer wieder den Spieß um und drängte die anderen zuerst in die Ecke. Nicht durch Geschrei, nicht durch offene Gewalt, sondern durch leise Anspielungen, durch Verwirrung und subtile Mechanismen, die ihr und den anderen auf den ersten Blick gar nicht klar waren.

Lena tat mit anderen das, was ihr selbst einst angetan wurde. Zwar nicht offensichtlich, jedoch in einer versteckten Form, die nur schwer zu durchschauen war. In ihrer Verzweiflung beschloss Lena, offen zu bleiben – sie war so verzweifelt über ihre unglücklichen Beziehungen, dass sie nun einen neuen Weg gehen wollte. Sie wollte schauen, was SIE eigentlich mit den anderen tat.

> Die Psychotherapiewelt und die Selbsthilfeforen sind voll von den schrecklichen Dingen, die uns immer wieder passieren. Doch kaum einer spricht davon, wie wir selbst anderen wehtun. Jeder, der mit schwer Traumatisierten einen engeren Kontakt hat, weiß, wie viel Aggression auch vom ehemaligen Opfer ausgehen kann.

Lena bemerkte immer öfter, wie ihre Rachewünsche und ihre Wut sich gegen andere richteten. „Du bist ja wie ein Pulverfass!", hatte ihre Freundin ihr einmal gesagt. Ja, sie hat selbst das Gefühl, dass sie immer ihren „inneren Revolver" gezückt hat. Sie ist immer noch – 30 Jahre nach dem Trauma – in ständiger Hab-Acht-Stellung, in der ständigen Frage: „Wie kann ich mich schützen?" Das wurde auch immer wieder ein wichtiges Thema in ihrer Therapie: Wie kann sie sich schützen?

Bis ihre Therapeutin ihr eines Tages sagte: „Es gibt hunderte von Arten, sich zu schützen. Aber die Frage ist ja, ob es überhaupt notwendig ist, sich zu schützen. Es ist, als hätten Sie sich einen Bunker gebaut gegen tägliche Luftangriffe und merken gar nicht, dass da gar kein Bomber mehr am Himmel ist. Viel wichtiger als die Frage Wie kann ich mich schützen? scheinen mir diese Fragen zu sein: Warum denken Sie, dass Sie sich schützen müssten? Wollen Sie sich vor dem anderen oder eher vor sich selbst schützen? Was fühlen Sie?"

Wir denken so oft: Ich bin die Gute, die anderen sind die Bösen. Bei Frühtraumatisierten ist dieses Ungleichgewicht sogar noch stärker ausgeprägt. Wer früh traumatisiert wurde, der gerät immer wieder in Situationen, die an das eigene Trauma erinnern. Er fühlt sich immer wieder als Opfer. Das kann einerseits daran liegen, dass er sich immer wieder ähnliche Menschen aussucht, die selbst noch nicht genügend Hilfe bekommen haben, um bessere Mechanismen im Umgang miteinander zu finden. Das kann andererseits aber auch daran liegen, dass man sich selbst nur ungern als Täter sieht. Sich selbst als Täter zu erkennen, ist jedoch ein wichtiger Schritt auf dem Weg zu einem besseren Leben.

Wenn wir hören, dass da jemand eine Depression oder Angst hat oder dass da jemand als Kind gequält wurde, dann empfinden wir Mitleid. Wir wollen helfen. Aber wenn wir hören, dass da jemand schon wieder in eine Schlägerei verwickelt war oder dass da jemand ein fieser Chef ist, der andere drangsaliert, dann haben wir kein Mitleid mehr.

„Irgendwo ist auch mal Schluss", sagen wir. „Jeder Mörder hatte eine schwierige Kindheit – dennoch muss er hinter Gitter." Wir versuchen das Täter-Opfer-Bild aufrechtzuerhalten und kommen damit in ein Fahrwasser ohne Lösung. Auf Twitter und Facebook gibt es zahlreiche Menschen, die sich beschweren, was ihnen nun schon wieder in der Kommunikation mit anderen Ungerechtes und Böses passiert ist.

> Es gibt unzählige Tweets darüber, dass andere Menschen narzisstisch oder bösartig sind, aber kaum jemand schreibt darüber, dass er selbst heute wieder narzisstisch und bösartig war. Wir bemerken unser eigenes „Böses" viel zu selten.

> Eine gute Psychotherapie zeichnet sich dadurch aus, uns aufzuzeigen, wo wir selbst schädlich auf andere wirken, ohne es zu bemerken.

Gerade traumatisierte Menschen sind hier sehr empfindlich, was auch verständlich ist: Sie wurden so sehr verletzt, dass sie allen Grund haben, ärgerlich und vorsichtig zu sein. Doch die Sicht auf sich selbst ist ihnen durch ihre eigene Abwehr sehr oft versperrt.

Es ist unglaublich schmerzhaft, wenn wir als Opfer lernen, an welchen Stellen wir selbst Täter sind. Aber nach einiger Zeit merken wir, wie wir plötzlich ein wertvolles Instrument in die Hand bekommen. Wenn wir unsere eigenen „bösen" Seiten erkennen, dann erkennen wir auf einmal viel mehr Zusammenhänge, die uns vorher ein absolutes Rätsel waren.

Wo wir vorher dachten, es sei alles nur Glatteis und wir rutschen einfach in die nächste Mobbing-Situation, merken wir nun, wie es vielleicht ein Zusammenspiel war und wie wir vielleicht vorher auch anderen wehgetan haben, wie wir sie selbst durch unsere hohen Ansprüche erdrückten, wie wir mit unserem eigenen Schmerz so beschäftigt waren, dass wir nicht mehr sahen, wie es ihnen geht.

So schmerzhaft es auch sein mag festzustellen, dass man selbst Anteile am Geschehen hat, dass man selbst durch die Folgen des Traumas manchmal auch ein „schwieriger Mensch" im Zusammenleben ist, so sehr sorgt die Erkenntnis auch dafür, dass man sich selbst wieder spürt und als wirksam wahrnimmt.

Auf Dauer geht es einem nach diesen Anfangsschocks sehr viel besser. Das Schwächegefühl lässt nach, ebenso auch das Gefühl des Ausgeliefertseins. Es ist ein bisschen, als würde man seine Hände zurückbekommen und wieder fühlen, was man da mit seinen Händen macht.

Wohin mit dem Hass, wohin mit der Liebe?

Wenn Sie Kinder haben, dann werden Sie diesen Konflikt zwischen Liebe und Hass nur zu gut kennen. Wenn Ihr Kind gefühlt zum hundertsten Mal in kurzer Zeit wieder mit Fieber aufwacht und Ihnen den Schlaf raubt, dann ist es natürlich, dass Sie es auch „hassen", denn es verhindert, Ihre eigenen Grundbedürfnisse zu stillen. Doch die negativen Gefühle bewusst zuzulassen, ist oft ungeheuer schwer. Wir alle wollen doch „gute Menschen" sein.

Menschen, die schwer traumatisiert wurden, tragen sehr oft einen sehr tief sitzenden Hass in sich. „Ich könnte die ganze Welt zerstören! Ich könnte auch gut ein Amokläufer sein. Mir wäre es am liebsten, wenn gar nichts existieren würde", sagt ein Patient aufgebracht. Er spürt einen inneren Hass, der so groß ist, dass ihn nichts mehr hält. „Ich weiß noch nicht mal, auf wen ich diesen Hass habe, er ist einfach allumfassend", sagt er.

Ursprünglich galt sein Hass seinen Eltern, die ihn als kleines Kind furchtbar gequält haben. Aber auch den Ärzten, die diese Quälerei mitgemacht und auch forciert haben. Und sein Hass galt den Erziehern und Lehrern, die seine Aggressionen nie verstanden haben und ihn zu Anti-Aggressionstrainings schickten. Nicht zuletzt galt er den Mitschülern, die ihn komisch fanden und ausgrenzten. Also wenn das nicht schon die ganze Welt ist!

„Aber ich kann ja niemanden mehr zur Rechenschaft ziehen. Meine Eltern kapieren nichts, sie können mit meinen Vorwürfen nichts anfangen und auch bei allen anderen ist es so lange her, es ist alles so weit weg und so schwammig", führt der Patient weiter aus.

> *Das Problem mit dem Hass bei Trauma ist oft nicht nur, dass sich die Täter entziehen, sondern dass er so eng verknüpft ist mit der Liebe. Kinder lieben ihre Eltern und wenn die Eltern den Kindern Gewalt antun, dann wird alles schrecklich kompliziert. Auch das psychische Leiden selbst kann eng mit der Liebe verknüpft sein.*

Der Traumaforscher Bessel van der Kolk fasst in einem Vortrag wunderbar zusammen, wie eng Trauma und Liebe zusammenhängen können. Er berichtet von einem Soldaten, der keine Tabletten gegen seine Alpträume nehmen wollte, weil seine Alpträume ein Denkmal sein sollten für all seine Freunde, die im Vietnam-Krieg starben. Van der Kolk sagt weiter (frei übersetzt): „Wir müssen immer bedenken, dass wir als Menschen miteinander verbunden sind. […] Die Liebe ist ein großer Bestandteil traumatischen Stresses. Traumatischen Stress zu haben bedeutet, dass Sie Menschen lieben, die Ihnen schreckliche Dinge antun und dass Sie Menschen hassen, die liebevoll zu Ihnen sind, dass Sie sexuell erregt werden durch Dinge, die Sie verletzen, dass Sie dumpf werden bei Dingen, die eigentlich genussvoll sind. Alle diese Dinge werden sehr verworren."

Er sagt weiterhin, dass sich das Frontalhirn abschalte, wenn die Betroffenen gerade wieder in ihrem traumatischen Zustand sind. Das Frontalhirn ist der Teil unseres Gehirns, das für klares Denken, Vernunft und bewusste Verhaltenssteuerung zuständig ist, der weiß, was richtig und falsch ist. Auch das Sprachzentrum gehe „offline", so Van der Kolk. Die traumatisierten Menschen steckten fest in sprachlosem Terror. Das Problem in Psychotherapien sei dann, dass die Betroffenen an den entscheidenden Stellen nicht sprechen könnten.

Vielleicht kennen Sie das von sich selbst: Wenn Sie gerade wieder in einem traumatischen Zustand sind und jemand fragt Sie, was Sie denn haben und wovor Sie gerade Angst haben, können Sie nur antworten mit: „Ich weiß es nicht."

„Doch wie kommt man an die entscheidenden Punkte, wenn man die Sprache umgehen muss?", fragt Van der Kolk. Er stellt dann Yoga als Möglichkeit vor (siehe auch www.traumasensitives-yoga.de). Er könnte sich vorstellen, dass Meditationstechniken und Yoga in den Ursprungsländern unter anderem auch entwickelt wurden, um mit traumatischen Erfahrungen zurechtzukommen. Diese Herangehensweisen können den Körper enorm beruhigen. Doch es gehört ungeheuer viel Durchhaltevermögen dazu, denn das Trauma sitzt sozusagen fest im Körper. Jeder Traumatisierte weiß, dass das Trauma in der Vergangenheit stattgefunden hat, doch das nützt ihm nichts, denn immer wieder hindert es ihn am aktuellen Leben.

„Ich kann mit dir nicht Kaffee trinken, weil ich Durchfall bekomme in dem Moment, in dem wir das zusammen tun wollen" – diese charakteristische Aussage eines schwer traumatisierten Menschen führt Van der Kolk an. Sie zeigt, wie vertrackt das Ganze ist. Eben diese schwer zu erfassenden Symptome und psychischen Zusammenhänge seien das Problem, so Van der Kolk.

> Das Trauma ist in der Gegenwart, im Körper, eingeschlossen. „Der Körper fühlt sich, als finde das Trauma gerade jetzt statt", so Van der Kolk.

Ähnlich ist es mit den dazugehörigen Gefühlen und Phantasien: Man möchte sich rächen und man hasst, obwohl dies eigentlich der Vergangenheit angehört. Uneigentlich ist alles ganz nah, denn die Folgen sind stets im Hier und Jetzt zu spüren. Daher sei es so wichtig, die Menschen zurück zu ihrem Körper zu führen, sodass sie ihn wieder lieben und sich in ihm sicher fühlen können, so Van der Kolk.

Doch wie lässt sich der Hass auf den eigenen Körper, auf die Welt und auf alle anderen kanalisieren? Es ist ähnlich wie mit der Wut: Wenn wir sie einfach „abreagieren", wenn wir einfach bis zum Umfallen laufen oder jemanden anschreien, ist uns nicht wirklich geholfen. Wut und Hass wollen sinnvoll verarbeitet werden. Wir brauchen bedeutungsvolle Zusammenhänge, wenn wir etwas verarbeiten wollen. Es wäre den Betroffenen geholfen, wenn sie mit dem Täter sprechen könnten und dieser sich betroffen zeigt, sodass beide merken, dass in diesem Gespräch eine Entwicklung stattgefunden hat. Wenn es aber diese Gelegenheit nicht gibt, was dann?

> Innerer Hass, der nicht mehr gegen die auslösende Person gerichtet werden kann, richtet sich gegen alle möglichen anderen Menschen und deren Habseligkeiten.

Wir alle kennen Jugendliche, die wahllos Reifen zerstechen – auch sie wissen nicht, wohin mit ihrem Hass. Damit zu leben, dass der Hass nicht mehr zielgerichtet mit jemandem verarbeitet werden kann, ist enorm schwer. Ihn loszulassen geht eigentlich nur, wenn man noch wenigstens zu einem anderen Menschen eine Beziehung hat, die einen hält. Doch viele Frühtraumatisierte sind einsam. Es ist schwierig für sie, neue Beziehungen aufzubauen.

> Was Wut und Hass brauchen, ist eine sinnvolle Verarbeitung.

Wenn die Verarbeitung mit anderen Menschen nicht mehr geht, dann können Projekte helfen. Manche Menschen nutzen bewusst die Kraft des Hasses und der Wut, um etwas Gutes voranzutreiben. Sie gründen eine Stiftung, die sich genau mit dem eigenen traumatischen Problem beschäftigt, sie bereiten sich auf einen Marathon vor oder sie bringen in Gemälden und Texten ihren Hass zum Ausdruck. Der Hass, der so tief sitzt, birgt viel Potenzial.

Wenn er in seiner Tiefe ausgedrückt wird, dann kann viel daraus entstehen. In den Stücken der großen Weltliteratur geht es um Liebe und Hass, um genau diese Themen. Wenn wir so gefühlsstarke Texte lesen, fühlen wir uns oft zutiefst verstanden. Wir müssen nur erst einmal wieder einen Zugang dazu finden – viele Menschen sind nie in Berührung mit solchen Texten gekommen. Viele wissen gar nicht, wie tröstlich und verstehend so manche Zeilen aus der Bibel sein können. Die Betroffenen haben Glück, wenn ihnen so etwas über den Weg läuft und sie erfahren, wie wohltuend und tröstlich Literatur sein kann.

Manche beginnen auch selbst mit dem Schreiben. Das Schreiben ist eine gute Möglichkeit, all seinen Hass da hineinzulegen. Manche eröffnen Protest- und Diskussionsgruppen, um auf ihr Problem aufmerksam zu machen. Die meisten sehnen sich einfach danach, dass ihr Hass sinnvoll gebunden wird und zur Ruhe kommt.

Gut zu wissen ist, dass der Hass – wie so vieles – in Wellen verläuft und dass sich ruhige Zeiten mit hohem Wellengang ablösen. Versuche der Versöhnung, des Gebetes, von Reisen und Wanderungen können in Mini-Schritten zu mehr Distanz führen. Und manchmal bleibt einem nichts anderes übrig, als ganz still zu werden und sich darauf zu konzentrieren, dass der Hass ungelöst und offen bleibt.

> Manchmal, wenn so ein Gefühl ganz genau gespürt und vielleicht sogar mit jemandem geteilt werden kann, wird es auf einmal schwächer. Wir bieten ihm keinen Widerstand mehr. Das schreckliche Gefühl darf sich ausbreiten und hat dann mitunter die Chance, wieder abzuebben.

Nicht wenige leben ein Leben lang mit unverarbeitetem Hass. „Ich will nur nicht verbittern", sagt sich so mancher. Wir können, so glaube ich, die Verbitterung verhindern, indem wir versuchen, innerlich lebendig zu bleiben: Den Hass zu spüren, ihn zu verstehen, ihm einen Weg zu geben, kann sehr hilfreich sein. Wo immer es möglich ist, können auch Vergebung und Versöhnung hilfreich sein. Aber das ist für viele fast nicht möglich. Den Hass kraftvoll zu nutzen, ist für viele die einzige Möglichkeit. Das Inakzeptable zu akzeptieren, das Unverdauliche in Meditation zu betrachten, ist für viele der einzig irgendwie gangbare Weg.

HILFEN

Von Tigern, EMDR und Energie-Befreiung

Der Trauma-Markt boomt. Überall kommt es zu neuen Erkenntnissen und zu vielen Hilfen, die angeboten werden. In kürzester Zeit, heißt es manchmal, soll ein Trauma überwunden werden können. Der Leidende hängt sich an jede neue Nachricht wie ein Ertrinkender an den Strohhalm.

Schon in den Anfängen der Psychiatrie ging es darum, Traumata rasch auszulöschen, aber auch „vorzuführen". Vielleicht kennen Sie das Gemälde des Malers André Brouillet, auf dem die hysterische Patientin Blanche Wittmann zu sehen ist, die ohnmächtig in den Armen des Neurologen Jean-Martin Charcot liegt. Drumherum sitzen Ärzte und Studenten als Zuschauer, mit freiem Blick auf das Dekolleté. Das Bild ist sexuell höchst aufgeladen.

Die Phantasie liegt nahe, dass es bei der Traumatherapie irgendwie zum „Durchbruch" kommen soll. Dem Patienten soll das Trauma „ausgetrieben" werden. Sogenannte „Emotional-Release-Techniken" oder „Emotional-Freedom-Techniken" bringen diese Idee zum Ausdruck. Patienten aus der arabischen Welt gehen mitunter zu einem Exorzisten, der den verborgenen Geist, den „Dschinn" herauslocken soll, wodurch der Patient von seinem inneren Dämon befreit werden soll. Auch in der christlichen Welt wird der Exorzismus bis heute praktiziert.

Bei der „Orgontherapie", die auf den Psychoanalytiker Wilhelm Reich (1897–1957) zurückgeht, soll die „schlechte Energie" des Körpers durch Druck auf bestimmte Körperpunkte, Schreien und Muskelzittern herausbefördert werden. („Orgon, eine Wortkreation aus Orgasmus und Organismus, ist die omnipräsente Lebensenergie, wie sie der Wiener Psychoanalytiker Wilhelm Reich einst definierte." Müller, 2013).

Viele kennen vielleicht noch die „Urschreitherapie" („Primärtherapie") aus den 70er-Jahren, bei der sich der Betroffene durch Schreien von seinem inneren Leiden befreien sollte. Dahinter steckt die Idee, durch eine gezielte Therapie das Problem ein für alle Mal loszuwerden, doch das ungezielte Schreien führte meistens zu nichts.

In der Psychiatrie wird auch heute noch die Elektrokrampftherapie (EKT) angewendet. Auf mich hat es den Charakter eines Appells: Es soll endlich Schluss sein mit dem Problem! Zwar wird die EKT heute unter Narkose durchgeführt, aber sie erinnert mitunter immer noch an einen Gewaltakt.

Kaum jemand spricht dabei aus, was so mancher denkt: Eine sexuell-erotische Komponente ist bei diesen Therapien nicht von der Hand zu weisen. Einige Filme spielen mit der Elektrokrampftherapie, die zum Anziehungspunkt für Zuschauer wird.

Die Vorstellung von der „Befreiung" findet sich auch in dem Therapienamen „Tension Releasing Exercises" (TRE, Berceli, 2015) wieder. Diese Therapieform ist inzwischen eine weit verbreitete Form der sogenannten „Traumatherapie". Dabei führt der Patient Übungen durch, die den Körper zum Zittern bringen. Durch das Zittern sollen Anspannungen und Blockaden, die mit einem Trauma zusammenhängen könnten, gelöst werden.

Häufig wird dazu erklärt, dass der Körper durch das Trauma wie eingefroren sei. Wenn ein Opfer keine Wahl habe zwischen Flucht und Verteidigung, dann friere es quasi vor Angst ein (Beckedorf und Müller, 2014). Es kommt dann zu einer Art Totstellreflex, an dem anscheinend der 10. Hirnnerv (= Nervus vagus) beteiligt ist. Der Betroffene wird wie gelähmt. Durch Zitter-Übungen könne diese ursprünglich festgesetzte Energie wieder gelöst werden, so die Theorie.

Der amerikanische Psychologe Peter Levine (2011, 2018) hat die Therapie namens „Somatic Experiencing" (SE) entwickelt. Er stellte fest, dass sich der Zustand vieler traumatisierter Patienten verschlechterte, wenn sie Entspannungsübungen durchführten. Hingegen verbesserte sich ihr Zustand, wenn sie bei Trauma-Reaktivierungen ihr Zittern zulassen durften und sie körperlich ihre Stärke und ihr „Weglaufen vor dem Tiger" wieder spüren konnten.

Andere Patienten wiederum schwören auf Klopftechniken: Bei der „Emotional Freedom Technique" (EFT) (Marx, 2010) werden Akupressurpunkte genutzt, die gezielt geklopft werden, um sich zu beruhigen und sich aus einer angespannten Körperverfassung zu befreien. Auch kann der Betroffene sich selbst bekräftigende Sätze sagen, während er die entsprechenden Punkte klopft.

Diese „EFT" ist nicht zu verwechseln mit der Emotionsfokussierten Therapie (EFT) (= Prozess-erlebensorientierte Therapie) nach Leslie Greenberg und Sue Johnson (Auszra, Herrmann, Greenberg, 2017). Bei diesem Psychotherapieverfahren steht die psychotherapeutische Arbeit mit den Emotionen im Vordergrund.

Klassisch zur Traumatherapie zählt heute die EMDR-Therapie (Eye Movement Desensitization and Reprocessing = Desensibilisierung und Aufarbeitung mithilfe von Augenbewegungen). Entwickelt wurde die Methode von der amerikanischen Psychologin Francine Shapiro. Sie sei nach ihrer Krebsdiagnose spazieren gegangen, wobei sie bemerkt habe, dass ihre Anspannung und ihre depressiven Gedanken nachließen, während sie die Augen schweifen ließ.

Bei der EMDR-Therapie denkt der Patient an seine traumatische Erfahrung, während der Therapeut vor seinen Augen einen Finger hin- und herbewegt. Der Patient soll diesen Bewegungen folgen, wobei sich die körperliche Anspannung und die beängstigenden Gedanken reduzieren sollen. Es gibt jedoch auch Hinweise darauf, dass es ausreicht, wenn die Augen sich auf einen festen Punkt fixieren (Sack et al., 2016, DGPM, 2017).

In einer Stellungnahme schreibt die Bundespsychotherapeutenkammer 2011, dass die EMDR so gut wirke wie die traumafokussierte kognitive Verhaltenstherapie (Tf-KVT) (Bisson J et al., 2013, BPTK, 2011).

Seit einigen Jahren fragen die Patienten vermehrt nach der Schematherapie, einer Form der Verhaltenstherapie nach Jeffrey Young (2005), bei der die Patienten bestimmte Verhaltensschemata bei sich erkennen, die sie verändern können. Sie soll insbesondere auch nach Missbrauchserfahrungen ebenso hilfreich sein.

Nicht zuletzt verspricht die „Imaginative Traumaexposition" (IRRT, Imagery Rescripting and Reprocessing Therapy nach Mervin Smucker, siehe Grunert et al., 2007) gute Erfolge bei Traumata. Hierbei stellen sich die Traumatisierten die traumatische Situation nach einer bestimmten Vorgehensweise wieder vor und helfen sich dabei selbst, z. B. indem sie sich selbst als ein Kind auf einer Kinoleinwand vorstellen.

Sie sehen: Die Verzweiflung ist groß. Überall werden immer wieder neue Methoden erfunden, um dem Problem des Traumas grundlegend, rasch und effektiv auf die Spur zu kommen.

Im Medizinstudium lernte ich: Je länger und komplizierter der Name, desto ahnungsloser der Arzt. Aus meiner Sicht ist es wichtig, dass sich Betroffene nicht allzu leicht in die Irre führen lassen. Sie können bestimmte Therapieformen ausprobieren und sich ein eigenes Bild machen. Häufig findet sich meiner Erfahrung nach anfänglich große Begeisterung, die dann aber doch wieder nachlässt, sobald sich die alten Probleme nach einiger Zeit wieder zeigen. Hier gilt es, sich nicht entmutigen zu lassen.

Wie Yoga helfen kann

Viele kennen Yoga aus Fitnessstudios, wo sie gute Erfahrungen machen. Doch schwer traumatisierte Menschen fragen sich manchmal, was es mit diesem ganzen Yoga-Hype auf sich hat. Vielleicht besuchen auch Sie regelmäßig ein Yogastudio, fühlen sich dort wohl, finden den Lehrer inspirierend und konnten schon viel davon profitieren. Vielleicht aber haben Sie auch das Gefühl, dass es Ihnen nur relativ wenig bringt oder dass Sie nicht so am Ball bleiben, wie Sie es sich wünschen würden.

So, wie Yoga heutzutage überall boomt und gelehrt wird, hat es häufig nur relativ wenig mit dem Yoga zu tun, wie es im ursprünglichen Sinne gelehrt wurde. Es ist vielleicht ähnlich wie mit der Akupunktur in Deutschland: Sie gehen mit Knieschmerzen zum Akupunkteur und der verabreicht Ihnen Nadeln „nach Kochrezept", wie es unter Ärzten manchmal genannt wird. Er behandelt vielleicht gezielt die gängigen Schmerz- und Entspannungspunkte.

Wer jedoch einmal eine „Original-Akupunktur" in einem asiatischen Land erlebt hat, der spürt den großen Unterschied. Der traditionell chinesische Mediziner hat ebenso lange Medizin studiert wie ein Schulmediziner in Deutschland. Er wird bei Knieschmerzen die Pulsdiagnose einsetzen, sich Ihre Zunge angucken und dann Energien zwischen verschiedenen Meridianen ausgleichen. Vielleicht müssen Sie dort täglich zur Behandlung kommen, während Sie hier in Deutschland vielleicht nur zweimal im Monat Akupunktur erhalten. Die gesamte Philosophie dahinter fehlt in Deutschland häufig und so wirkt die Akupunktur hier wahrscheinlich auch anders als in ihrem Ursprungsland.

Ähnlich ist es beim Yoga: Hier sehe ich, wie in den Studios sofort der „Sonnengruß" gelehrt wird, dabei ist er häufig nicht für Anfänger geeignet. Wer traumatisiert ist, der braucht zunächst nicht mehr Kraft, Gelenkigkeit und Power, sondern für ihn ist es wichtig, Übungen zu finden, die spürbar sein vegetatives Nervensystem beeinflussen. Und da fängt man häufig erst einmal ganz sanft mit bewusstem Atmen in Bewegung an. Ich empfehle da immer gerne Yoga im Einzelunterricht bei einem Lehrer, der sich mit traditionellem Yoga und seiner Philosophie gut auskennt.

Im Einzelunterricht kann der Lehrer genau eruieren, was eben genau Sie brauchen. Wenn Sie beispielsweise als Kind traumatische Erfahrungen mit Krankengymnastik, Festhaltetherapien oder anderen Formen der Gewalt gemacht haben, dann werden Sie möglicherweise darunter leiden, dass bestimmte Bewegungen oder Körperhaltungen Übelkeit und Angst in Ihnen auslösen. Das kann sogar so weit gehen, dass bestimmte Körperhaltungen im Schlaf Panikattacken auslösen, weil sie an Körperhaltungen erinnern, die Sie in der traumatisierenden Situation eingenommen haben.

Eben darüber können Sie mit Ihrem Yogalehrer im Einzelunterricht sprechen. Es kann auch über die Scham gesprochen werden, die entsteht, wenn man sich als traumatisierter Mensch vor jemand anderem bewegen will oder wenn bestimmte Atemübungen an Atemgeräusche von Angreifern bei sexualisierter Gewalt erinnern.

Diese Themen sind oft so versteckt, dass sie dem Betroffenen selbst nicht bewusst sind. Nur im Einzelunterricht wird es möglich sein, zu sagen: „Hier ist es mir unangenehm" und dann darüber zu sprechen und die Übungen an Ihre eigenen Bedürfnisse anzupassen.

Trauma und Medikamente

Wohl die meisten Menschen, die mit ihren Beschwerden einen Psychiater aufsuchen, erhalten heute Medikamente – meistens Antidepressiva, niedrigdosierte Neuroleptika und Beruhigungsmittel. Psychiater sind Ärzte, die bei psychischen Erkrankungen hauptsächlich den „Hirnstoffwechsel" betrachten und mit Medikamenten arbeiten. Manchen Menschen helfen die Medikamente, andere sind sich nicht so sicher und wieder andere fühlen sich schlechter infolge der Medikation. Es gibt allerdings auch Psychiater, die Betroffenen dabei helfen, von ihrer jahrelangen Medikation wegzukommen.

Die Medikamentenfrage ist immer brisant. Jeder Betroffene kann nur selbst in sich hineinfühlen: „Was möchte ich? Was erhoffe ich mir? Wie aushaltbar ist mein Zustand? Nehme ich Medikamente nur, weil mir kein Gesprächspartner zur Verfügung steht?" Das könnten sehr wichtige Fragen sein.

Ich selbst bin zumeist gegen Medikamente – das hat mit meiner eigenen Lebensgeschichte, mit meinen Erfahrungen und meiner Lebensphilosophie zu tun. Hier kann jeder nur seinen eigenen Weg finden. Ich habe das Gefühl, dass Medikamente die Wahrnehmung verschleiern und den Kontakt zu sich selbst und anderen trüben. Man kann die Orientierung verlieren und nicht mehr recht zuordnen, warum es einem plötzlich besser oder schlechter geht. Lag es an der letzten Therapiestunde? Ist draußen etwas passiert? Gab es einen inneren, psychischen Entwicklungsschritt? Oder zeigen sich Wirkungen und Nebenwirkungen des Medikamentes?

Ich halte die Suche nach der Wahrheit in der Behandlung für das Wichtigste und verbinde mit Medikamenten immer ein bisschen die „Lüge" oder das „Beschwichtigen", was so viele Betroffene zu Hause genügend erlebt haben. Mir ist es auch wichtig, dass Betroffene das Gefühl für die eigenen Steuerungsmöglichkeiten und die eigene Selbstwirksamkeit behalten. Der Mensch an sich ist wirksam – aus meiner Sicht viel wirksamer als jedes Medikament.

WAS HEILUNG VERHINDERT

Von der Lust am Gequältwerden

Wenn wir gequält werden, entwickeln wir viele verschiedene Abwehrmechanismen, die nicht immer leicht zu durchschauen sind. Diese Mechanismen hatten einst ihren Sinn, sind jedoch im Hier und Jetzt oft eher behindernd als förderlich. Doch an unseren Abwehrmechanismen halten wir auf eigentümliche Weise fest – manchmal haben sie einen regelrechten Suchtcharakter. Nehmen wir zum Beispiel die sexuelle Erregung an „unpassender" Stelle.

Bei körperlicher Qual können wir unter Umständen sexuelle Erregung empfinden – das ist für uns eine Möglichkeit, aus der unaushaltbaren Situation zu entfliehen. Wir steuern das nicht bewusst, sondern die Erregung entsteht in uns. So, wie wir ohnmächtig werden, wenn körperliche Schmerzen zu groß werden, so kann unsere Seele Auswege suchen, wie z. B. in Euphorisierung oder sexueller Erregung. Manche Opfer schweren, sexuellen Missbrauchs oder schwerer Gewalt können oft erst nach Jahren zugeben, dass da auch so etwas wie Erregung ihrerseits dabei war. Täter und Opfer sind dann manchmal wie in einer heimlich-perversen Lust gefangen.

Haben die Opfer ihren Weg aus der konkreten Missbrauchssituation herausgefunden, geraten sie manchmal in ganz andere Nöte: Beispielsweise werden sie am Arbeitsplatz immer wieder herabgewürdigt, sie werden gemobbt oder arbeiten immer wieder unter demütigenden Chefs. Diese schrecklichen Situationen lassen sich manchmal nicht erklären, bis irgendwann für die Betroffenen spürbar wird, dass da auch ein „Kribbeln im Bauch" mit dabei ist. „Ich zwing dich in die Knie" kann z. B. eine entwürdigende Aussage sein, die jedoch auch mit erotischen Phantasien verbunden sein kann. Diese erotischen Gefühle sind in der hintersten Körper- und Seelenecke versteckt. Aber sie können dennoch unbemerkt da sein und mit daran beteiligt sein, dass höchst unangenehme Situationen aufgesucht, provoziert und am Laufen gehalten werden.

Natürlich steckt noch viel mehr dahinter – es ist nicht so, dass die Betroffenen „schuld" sind, dass sie so behandelt werden. Zuerst braucht es jemanden, der sie so behandelt. Und doch kann dann ein uralter Schutzmechanismus eintreten, nämlich das Gefühl der Erotisierung, der auch ganz versteckt einen Suchtcharakter hat – ähnlich wie wir in einem Streit manchmal nicht loslassen können. Auf eine Art genießen wir es, uns festzubeißen – und haben immer die Hoffnung auf einen Durchbruch, auf eine Lösung. Wenn wir uns in schlechten Situationen wiederfinden, können wir ebenfalls eine Art „Sucht" entwickeln. Wir wollen da raus, merken aber, dass uns da irgendwas gefangen hält.

> Wenn wir etwas Schlechtes nicht zum Guten verändern können, dann können wir immerhin eines machen: Wir können das Schlechte verschlechtern.

Auf einmal merken wir, wie wir die Situationen noch herausfordern können. Vielleicht kennen Sie das Gefühl aus Alpträumen: Manchmal wird Ihnen bewusst, dass Sie da einen Alptraum haben. Es können sich erotische Gefühle hinzumischen und Sie können im Traum versuchen, die Situation zu verschlimmern. Sie denken vielleicht so was wie „Komm doch, ich zeig's dir!" oder „Jetzt erst recht! Ich habe keine Angst vor Dir." Die Gefühle, die in solchen Träumen beteiligt sind, können auch in der Realität entstehen.

Der Kreislauf endet erst, wenn man sich bewusst wird, was da passiert. Wer wirklich den Mut hat, einmal hinzuspüren, was da in einem selbst passiert, während man in der schrecklichen Situation ist, kann die Macht über sich selbst wiedererlangen. Er kann sagen: „Ich verzichte jetzt auf weitere Diskussionen. Ich verzichte auf meine Erregung im Bauch. Ich habe zwar Angst vor einem kalten Alleinsein danach, aber ich beschließe, hier jetzt rauszugehen."

Durch das bewusste Verlassen einer Situation und das bewusste „Widerstehen" kann der Weg hinaus aus verletzenden Situationen gebahnt werden.

Masochistischer Triumph

Wenn wir leiden oder wenn wir uns ständig nur unglücklich fühlen, dann fühlen wir uns ohnmächtig. Wenn unsere große Liebe uns verlässt, dann stehen wir vor unserem Schicksal und können anscheinend nichts mehr tun. Wenn wir in einer Prüfung sind und gerade versagen, dann entgleitet uns alles. Aber eines können wir tun, wenn etwas schlimm ist oder wenn etwas gerade kaputtgeht: Wir können es noch schlimmer machen und wir können es ganz zerstören.

Es kann irgendwann so geschehen, dass wir in subtiler Weise an unserem Unglück mitarbeiten, ohne bewusst zu wissen, was wir da tun. Wenn wir meinen, eine Prüfung läuft gerade schief, dann stellen wir uns ab einem gewissen Punkt vielleicht noch dümmer als wir sind. Oder wir ärgern den Prüfer untergründig, indem wir uns verschließen.

Die Folge unserer Bemühungen zum Schlechten hin ist, dass der andere – je nachdem, wie viel inneren Abstand er hat – uns nochmal zusätzlich eins „draufhaut", denn er fühlt sich provoziert. Er spürt unsere Bemühungen zum Schlechteren und kann in das Spiel einsteigen.

> Und dann können wir mit unseren realen oder symbolischen blauen Flecken nach draußen gehen und sagen: „Schaut her, was der andere mit mir gemacht hat! Schaut her, wie diese Institution, diese Firma, diese Prüfungskommission, dieser Mann mich gequält hat! Seht her, wie unschuldig ich bin und welches Unglück mir widerfahren ist!"

Hier gibt es bei allen Beteiligten einen großen, emotionalen Unterschied zu „normalem" Leid: Es fehlt das Gefühl, emotional mitschwingen zu können. Wenn wir einen nahestehenden Menschen verloren haben, wenn wir sagen, die Zeit für unsere Prüfung war kurz, wenn wir krank werden, dann können wir mit dem Mitgefühl der anderen rechnen. Wir können den Trost ohne Schuldgefühl annehmen, weil die Dinge sozusagen auf der Wahrheit beruhen und ehrlich sind.

Beim „masochistischen Triumph" mischt sich auf der Seite der Mitfühlenden Ärger hinzu und man selbst fühlt sich irgendwie schuldig. Masochismus heißt, dass man (manchmal erst im Nachhinein) Lust am Gequältwerden hat und dieses zur Schau stellt. Diese Lust entsteht oft dann, wenn man sich wirklich gequält fühlt – sie ist ein innerer Ausweg aus einer qualvollen Situation. Dieser Lust am Gequältwerden ist häufig Scham beigemischt, während die anderen das Gefühl haben, dass da etwas „faul" ist.

Beim masochistischen Triumph eröffnet man quasi eine Bühne, auf der man sich selbst als völlig hilflos und unschuldig darstellt, während der andere „der Böse" ist. Es ist meistens der Appell „Schaut her!" dabei und der Betroffene erzählt mit einer Art Genugtuung davon, was ihm Schlimmes widerfahren ist. Es fühlt sich an wie eine Art „Rache am Täter".

Diesem Mechanismus können wir dann verfallen, wenn wir uns vor uns selbst für unsere Unvollkommenheit schämen und uns schuldig fühlen. Dann wollen wir nämlich nicht sehen, wo wir selbst etwas Schädigendes getan oder gesagt haben. Wir wollen nicht sehen, wo wir ungerecht waren oder jemanden gekränkt haben.

Wann immer wir die Verantwortung von uns weisen und die Wippe auf „der Böse da oben und ich Gute hier unten" stellen wollen, kann es zum masochistischen Triumph kommen. „Dem hab ich's jetzt gezeigt! Ich habe den Täter verraten, der wird jetzt von allen angeprangert! Und seht her! Meine blauen Flecken sind größer als die des anderen!" So oder ähnlich können die Phantasien und Gedanken dazu aussehen.

Solche Mechanismen sind oft verbunden mit einem tatsächlichen Gefühl von „Obensein" und „Gutsein". Es kann sich tatsächlich eine Art Wohlgefühl dabei einstellen. Es kann auch ein Gefühl von Stärke und Kraft entstehen, das man sich selbst nicht so richtig erklären kann. „Jetzt erst recht!", könnte man meinen. Vielleicht schläft man nach einer Niederlage sogar besonders gut ein und fühlt sich wohl in seiner Haut. Vielleicht fühlt man sich auch sehr gleichgültig und auf eine Art unberührbar.

Diese vermeintlich positiven Gefühle, die mit dem masochistischen Triumph einhergehen, schlagen jedoch irgendwann in extrem negative Gefühle um. Einige Tage später ärgert man sich vielleicht. „Warum habe ich mich dümmer gestellt als ich bin?", fragt man sich. „Jetzt denken die anderen, ich kann gar nichts", bemerkt man auf einmal.

In der Zeit nach dem Ereignis, bei dem man die negativen Gefühle in Hochgefühle umgewandelt hat, kehrt die Wahrheit zurück. Die anderen behandeln einen vielleicht weiterhin als „Opfer", dabei fühlt man sich viel stärker als die anderen einen einschätzen. Oder die anderen schonen einen auf eigentümliche Weise, obwohl man doch die Kraft spürt, ganz normal am Arbeits- und Alltagsleben teilzunehmen.

Die anderen reagieren immer noch auf das Leidhafte, das wir ihnen gezeigt haben. Sie behandeln uns wie „klein Doof" und trauen uns nicht zu, selbst Verantwortung zu übernehmen. Dann wächst unser Ärger. Wir spüren, wie lange das alles dauert, bis es sich wieder zum „Normalen" hin verändert. Wir stehen an einem Scheidepunkt: Wir können nun sehen, wo wir unseren eigenen Beitrag zu unserem Leid geleistet haben. Wir könnten nun Verantwortung für unsere Taten und Handlungen übernehmen. Wir könnten also dazu beitragen, dass sich nun mehr Wahrheit zeigt, was für uns sehr schmerzhaft wäre. Wir können aber auch weiterhin unsere Augen verschließen und dieselben Mechanismen bei neuen Gelegenheiten neu walten lassen.

> Wenn wir mehr und mehr Ärger darüber verspüren, dass die anderen uns „immer noch" so behandeln wie damals, als wir „beschädigt, arm und klein" waren, dann erfordert eine innere Wendung sehr viel Kraft von uns, weil wir lange auf die entsprechende äußere Veränderung warten müssen.

Alle brauchen Zeit für die Veränderung und das ist enorm schwer auszuhalten. Eine Wendung ins Gute ist mit viel Selbsteinsicht, Erkenntnis und Schmerz verbunden. Wir merken, dass es jetzt nicht mehr richtig wäre, auf unseren Ärger zu reagieren und die anderen erneut anzugreifen. Wir könnten das Rad mit unseren Abwehrmechanismen weiter am Laufen halten, das wäre zunächst erträglicher. Das Aussteigen ist auf Dauer fruchtbringender – nur müssen wir diese schrecklich quälende Übergangszeit aushalten.

Wenn wir aber genau an dieser höchst schmerzhaften Stelle innehalten und abwarten, können sich die Dinge enorm verändern – die anderen bemerken, dass wir nicht mehr ihr Mitleid erhaschen wollen und dass wir nicht mehr einseitig dem anderen die Schuld geben.

Das tut so ungeheuer weh, eben weil wir das Mitgefühl von anderen Menschen doch gut gebrauchen könnten. Uns ist so viel Schreckliches widerfahren, dass es fast gar nicht genug Mitgefühl für uns geben könnte. Das ist die Crux: Wir müssen lernen, mit diesem unerfüllten Bedürfnis zu leben. Dieses Leid halten wir am besten aus, wenn wir dabei von einem anderen Menschen verstehend begleitet werden, doch auch wenn wir allein sind, können wir nach einer der verschiedensten Möglichkeiten für Linderung suchen. Wir sind nicht allein. Unser Leiden ist – auch, wenn es längst nicht alle Menschen so erleben – etwas zutiefst Menschliches, das wir mit vielen gemeinsam haben, ohne es vielleicht zu wissen.

Weil die Wendung so schwer ist, ist die Versuchung für den masochistischen Triumph so groß. Und das erklärt, warum manche sich „auf Teufel komm raus" nicht weiterentwickeln. „Was muss ich denn noch tun, damit du endlich begreifst, dass ich nicht der Böse bin?" So oder ähnlich könnte der andere in seiner Wut fragen. „Wie einfach muss ich meine Fragen denn noch stellen, damit Sie endlich antworten?", könnte der wohlwollende Prüfer fragen.

Wenn wir aber um den masochistischen Triumph wissen, ist der erste wichtige Schritt getan. Wenn wir wissen, dass es ihn gibt, können wir gezielt in uns hineinhorchen. Wir können bemerken, ob wir ihn in uns gerade wieder „so" fühlen, dass wir gleich mit altbekannten Abwehrmechanismen loslegen könnten. Wenn wir hier anhalten und horchen, dann haben wir auf einmal etwas in der Hand. Es ist die Selbsterkenntnis, durch die wir unsere Selbstwirksamkeit zurückgewinnen. Wir können uns stoppen und dem anderen sagen, was mit uns gerade los ist. Wenn wir die Mechanismen bei uns genau ausfindig machen, dann können wir sie steuern, indem wir uns bremsen, bevor wieder das alte Verhalten auftaucht. Wir können mit dem anderen in ehrlichen Kontakt treten.

> Egal, wie schmerzhaft es sein mag, wie ärgerlich und verzweifelnd, wenn wir uns selbst besser kennenlernen: Wir bekommen dadurch mehr und mehr das Gefühl, die Dinge selbst in der Hand zu haben. Sie entgleiten uns nicht mehr so, das Leben fühlt sich nicht mehr so sehr an wie ein Laufen auf Glatteis.

„Komisch, früher dachte ich immer, mein Chef ist eben so. Ich dachte, unser Verhältnis wird sich nie ändern. Seit ich gesehen habe, was mein Anteil an diesem Kreislauf war, ist es, als wäre ein Karussell zum Stoppen gekommen. Irgendwas ist anders geworden, seit ich selbst mehr spüre, wie ich meinen Chef auch reizen und provozieren kann, wenn ich will. Ich habe ihn überhaupt nicht mehr respektiert. Ich habe nur Böses von ihm erwartet und mich als das Opferlamm dargestellt. Doch je mehr ich Verantwortung für meine inneren Aggressionen übernehme, desto besser funktioniert es zwischen uns. Ich muss nicht immer gleich mit dem Geschimpfe herausplatzen, ich muss mich nicht immer gleich beleidigt zeigen. Ich kann auch einmal eine Weile warten und verdauen, was er mir gesagt hat." So oder ähnlich erzählen es Betroffene, die aus einem Kreislauf von masochistischem Triumph, Katerstimmung und erneuter Provokation herausgefunden haben.

Der masochistische Triumph ist ein fieser Hund, der uns dazu führen kann, im Leid stecken zu bleiben. Doch wenn wir uns Hilfe suchen und jemanden bitten, mit uns genau hinzuschauen, was WIR da eigentlich machen, dann können wir uns schon fast sicher sein, dass wir gewonnen haben. Und das ist dann ein wirklicher Triumph. Wenn es uns gelingt, die Dinge wirklich wieder in die Hand zu bekommen, indem wir bewusst auch unsere aggressiven Seiten annehmen und sinnvoll steuern, dann fühlen wir uns mitunter so freudig stolz wie ein kleines Kind, das endlich laufen gelernt hat.

Die Passivitätsschiene: „Ich will jetzt umsorgt werden!"

Zu meinen unbeliebtesten Aufgaben in der psychiatrischen Klinik gehört es, mich um Anträge zu Schwerbehinderung und Frührente zu kümmern. Natürlich gibt es immer wieder einmal Patienten, die wirklich nicht mehr arbeitsfähig sind und bei denen es höchste Zeit ist, einen Rentenantrag zu stellen. Doch immer wieder erlebe ich, dass Anträge aus einem Gefühl von „Jetzt will ich auch mal!" gestellt werden. Das bisherige Leiden war so groß, die Arbeitsbelastung so erdrückend, das Gefühl, zu kurz gekommen zu sein, so belastend, dass die Betroffenen nun endlich einmal das Gefühl haben wollen, entlastet zu werden.

Manche kämpfen erbitterte Kämpfe um Abfindungen und Schwerbehindertengrade und verlieren dabei die Kraft, die sie bräuchten, um bessere Wege zu finden. Das Leid beginnt oft da, wo man anfängt, um seine „Würde" zu kämpfen.

Wem es ein Leben lang schlecht gegangen ist, bei dem wächst das Bedürfnis, entschädigt zu werden. Und eigentlich ist ja das Leben immer zu hart zu uns. Welche Art von Hilfe ein traumatisierter Mensch erfährt, hängt von unzähligen Faktoren ab: Von der Art des Traumas, vom Charakter und Temperament des Betroffenen, von seinem familiären Umfeld, von den Menschen, denen er begegnet und auch vom Hilfs- und Bildungssystem, in das der Betroffene hineinfand. Betroffene, die bereits in der Schulzeit in Kliniken behandelt wurden, die schon früh Medikamente bekamen und vorrangig stützende Therapien erhielten, neigen vielleicht dazu, Hilfsangebote anzunehmen, die sie entlasten.

Die Betroffenen möchten verständlicherweise weiterem Leiden aus dem Weg gehen und sind vertraut mit Krankschreibungen, mit Reha- und psychosomatischen Kliniken, mit beruflichen Wiedereingliederungsmaßnahmen und schließlich mit Schwerbehinderten- und Rentenanträgen.

Die Betroffenen lernen, dass es guttut, mit dem Trauma und seinem Leiden „gesehen" zu werden, positiv zu denken und sich zu entlasten, wo es nur geht. Das ist ein Weg, mit dem Trauma umzugehen.

Doch manchen Menschen tut dieser Weg nicht gut. Wenn Entlastung das höchste Ziel ist, wollen die Betroffenen immer mehr entlastet werden: Erst kommt der Schwerbehindertenausweis und dann der Kampf um die Frührente. Die Betroffenen stecken sehr viel Energie hinein, endlich die Entschädigung zu bekommen, die sie sich ersehnen, doch die Enttäuschung ist oft vorauszusehen, denn das Leid der Betroffenen ist so groß, dass es auf diesem Weg keine echte Entschädigung geben kann.

Sind die Betroffenen dann entlastet, haben sie die Frührente endlich erreicht, tauchen oft neue Probleme auf: Einsamkeit, das Gefühl, nichts wert zu sein, das Fehlen sinnvoller Aufgaben, das Hinausfallen aus dem System wird für viele zur Belastung. Sie kommen zurück in die Klinik mit den Worten: „So habe ich mir das nicht vorgestellt." Manche Betroffene sind wirklich befreit und blühen regelrecht auf nach der Berentung, doch andere versinken noch weiter in die Depression.

Die ungewollte und ungebremste Flucht in körperliche Erkrankungen, in Übergewicht, Diabetes und Arthrosen wird bei vielen zur neuen Lebensaufgabe – der Hausarzt und der Orthopäde werden zur wichtigsten Bezugsperson. Der „passive Weg", den die Betroffenen einschlagen, ist eine verständliche Form des Lösungsversuchs, aber auch eine tiefe Resignation. Viele haben sich aufgegeben, z. B. auch, weil ihnen nie wirklich der Weg zu mehr Bildung und Geld offenstand. Sie mussten mit großer Anstrengung Berufe ausüben, die zu nichts führten und unterirdisch schlecht bezahlt waren. Sie litten und leiden unter einer ständigen Perspektivlosigkeit. Und wie resigniert sie sich auch zeigen – tief innen schlummert oft die Hoffnung, doch noch wirkliche Hilfe zu finden.

„Wenn Sie so weiterrauchen, sind Sie in fünf Jahren tot", sagt der Arzt in der Hoffnung, dass der Patient sich eines Besseren besinnen möge. „Eben das ist doch mein Ziel", denkt der Betroffene still. Der „Selbstmord auf Raten" ist bei vielen Traumatisierten der Weg ihrer mehr oder weniger bewussten Wahl.

Die Resignation vieler Betroffener ist enorm. Die Möglichkeit, sich versorgen zu lassen, ist eine von vielen. Doch wenn man auch hier mit einer Haltung von „Experimentieren" herangeht, kann man viel gewinnen: Wie fühlt es sich an, wenn ich diesen Weg gehe? Welche Erfahrungen habe ich mit meinem Schwerbehindertenausweis oder Erwerbsminderungsrente gemacht? Wie geht es mir, was möchte ich anderen davon berichten? Habe ich diesen Weg bereut, möchte ich noch etwas verändern oder fühle ich mich wie angekommen?

Wer sich weiterhin beobachtet, auch wenn er resigniert ist oder wenn er nach einem Ausweg aus dem belastenden Familien- oder Berufsalltag sucht, der bleibt innerlich beweglicher als derjenige, der (zurzeit) aufgegeben hat. Und auch die wirkliche Selbstaufgabe ist eine verständliche Reaktion auf ein Leben, das einfach viel zu schwer erscheint oder ist.

LEIDEN MIT BISS: WIE PSYCHOANALYSE HELFEN KANN

„Die Psychoanalyse kann eine Frage von Tod und Leben, von völliger, innerer Verzweiflung und Verkümmerung oder Rettung und Heilung sein, auch wenn sie unendlich viel Geduld braucht." Das sagt der bekannte Psychoanalytiker Professor Leon Wurmser in seinem Vortrag „Urscham und tragischer Teufelskreis" (Wurmser, 2013). Die Psychoanalyse sei für die schwerkranken Menschen geschaffen worden, denen andere Methoden nicht weiterhelfen konnten, so Leon Wurmser. Die Patienten, die eine Psychoanalyse aufsuchen, haben oft einen ungeheuren Biss: Sie wollen es wissen! Sie wollen nicht mehr in dieser Form leiden! Sie wollen da raus.

Viele Psychotherapeuten kennen das: Über die traumatischen Ereignisse selbst kann der Patient irgendwann recht gut sprechen. Er kann sich mit der Zeit oder nach einer Therapie auch gut an Ereignisse erinnern, ohne dass es ihn jedes Mal aus der Bahn wirft. Und dennoch leidet er enorm. „Ich WEIß das ja alles, aber es nützt mir nichts", sagen Betroffene. Und genau hier setzt die Psychoanalyse mit ihren Möglichkeiten ein.

> Häufig sind nicht mehr die traumatischen Erfahrungen selbst das Problem, sondern das, was daraus entstanden ist. Ähnlich wie der Körper Krankheitserreger zunächst auf sinnvolle Weise abwehren kann, so reagiert auch die Psyche mit ihren Abwehrreaktionen zunächst sehr sinnvoll. Doch auch wie im Körper die Abwehr überschießen und eigene Probleme verursachen kann, so kann auch die psychische Abwehr dauerhaft zu „mörderischen Problemen" führen.

Die Betroffenen sind möglicherweise verzweifelt und misstrauisch, neigen vielleicht zum Masochismus, schämen sich zutiefst, fühlen sich häufig schuldig und angespannt oder haben vielleicht das Gefühl, sie wollten innerlich etwas loswerden und nach außen tragen. Das führt häufig dazu, dass sich die Betroffenen in irgendeiner Form verletzen. Sie verletzen sich vielleicht konkret körperlich durch „Ritzen" (Schneiden der Haut mit dem Messer) oder aber sie stimmen voreilig Operationen zu, die nicht unbedingt nötig gewesen wären. Sie bauen im gestressten Zustand Unfälle oder brechen vielleicht kurz vor dem Ende ihre Ausbildung oder ihr Studium ab.

In Beziehungen sind die Betroffenen häufig angespannt. Sie leiden im mitmenschlichen Bereich unter ihrer „Absolutheit" – die Dinge sind entweder ganz schlimm oder ganz wunderbar. Und auch andere Menschen sind entweder unterirdisch dumm oder genial. Die Betroffenen sind sich häufig „ganz sicher", dass ein anderer so oder so fühlt und denkt, sie sind sich „ganz sicher", dass sie verachtet werden und wenn ein anderer sie verletzt, dann ist es „für immer aus".

Die Betroffenen sind extrem verletzlich, weil sie sozusagen so viele Schmerzen in sich angesammelt haben, dass sie jeden weiteren Pikser als kaum aushaltbar empfinden. Es ist, als hätten sich viele Affekte unverdaut in ihnen gestaut, die zu jeder kleinen Gelegenheit in extremer Form herauskommen – sei es in Angstattacken oder in „hysterischen Anfällen", in Geschrei oder Katastrophen.

Oft empfinden die Betroffenen extreme Scham, ohne zu wissen, wofür sie sich eigentlich schämen. Nicht selten sind es ihre starken Gefühle, Wünsche und Sehnsüchte, die diese Scham hervorrufen, denn als Kind wurden sie nie ernst genommen und häufig verlacht oder verurteilt. Es gab für sie keine Gelegenheit, sich mit den Eltern ernsthaft über ihre Innenwelt auszutauschen, weil in der Familie alles Mögliche verpönt war. Nicht selten wurde in den Familien aus den unterschiedlichsten Gründen viel gelogen, sodass die Betroffenen nicht wussten, woran sie sich halten konnten. Die Wahrheit durfte auf keinen Fall ans Licht kommen. So stauten sich die Vorstellungen auf und die Betroffenen leiden unter vielen unbewussten Phantasien, die ihnen viel Falsches vorgaukeln.

Beispielsweise kommt es gelegentlich vor, dass Patienten das Gefühl haben, sie wären im Psychotherapieraum wie angebunden. Sie trauen sich kaum, sich zu bewegen oder während der Sitzung auf Toilette zu gehen. Zunächst haben wir es mit einem Rätsel zu tun. Dann kristallisiert sich vielleicht heraus, dass die Betroffenen generell Angst davor haben „sich zu bewegen". Das kann konkret gemeint sein oder sogar im übertragenen Sinne: Sie können sich nicht entwickeln, sich beruflich nicht fortbewegen oder sich nicht von den Eltern trennen.

Manchmal lässt sich dann der Zusammenhang feststellen, dass die Betroffenen als Kleinkind in einer Spreizhose waren, aufgrund „falscher Bewegungen" quälende Krankengymnastik erhielten oder wegen „Fehlstellungen" die Beine eingegipst bekamen.

Heute spricht man auch von „Embodiment", wenn man die Wirkung von psychischem Schmerz auf den Körper oder von Körpererfahrungen auf die psychische Welt beschreibt.

Die körperliche Erfahrung, die der Betroffene als Kleinkind gemacht hat, ist in Körper und Psyche eingeschrieben und kann in unserem Beispiel etwa so in Worte gefasst werden: „Ich habe mich falsch bewegt und es folgte etwas Schreckliches: Einengung, Behandlung, Gefangensein. Daher bin ich in Gefahr, dass etwas Schlimmes passiert, wenn ich mich nicht richtig bewege. Deshalb bewege ich mich am besten gar nicht."
Erst langsam kann der Betroffene seine Lähmung wieder spüren und dies mit seiner Angst vor Bewegung in Zusammenhang bringen. Oft haben die Betroffenen auch die Vorstellung, Bewegung sei gar unmöglich.

Dieses Beispiel mag nun „weit hergeholt" klingen. Es ist immer sehr schwirig, Prozesse des Verstehens, die sich mit der Zeit ergeben, in kurzen Beschreibungen auszudrücken. Doch das Ergebnis solcher Aufdeckungsarbeit ist oft beeindruckend: Die Betroffenen haben oft einen tiefen Aha-Effekt, der dadurch entsteht, dass sie die Befreiung im Moment des Verstehens körperlich regelrecht spüren. „Ah, jetzt kann ich meine Beine wieder bewegen", sagen sie. Oder sie haben auf einmal nicht mehr das Gefühl, eingesperrt zu sein. Es ist, als ginge ein Ruck durch Körper und Seele. Auch der Analytiker kann unter Umständen auf einmal spüren, wie sich seine Beine freier anfühlen und der Rücken sich entspannt.

Sollten ähnliche Zusammenhänge bei Ihnen vorgekommen sein, dann werden Sie vielleicht sagen: „Ok, ich habe das gelesen, bei mir war es auch so, aber irgendwie weiß ich das ja schon. Was nützt mir das?" Das bewusste, reine „Wissen" nützt Ihnen wenig. Es wird erst zu etwas Fruchtbarem, wenn solche Zusammenhänge in der Therapiestunde langsam ins Bewusstsein dringen und wirklich gefühlt und erlebt werden können.

Die Begriffe „Trauma" und „Traumatherapie" lassen uns mitunter an etwas Konkretes denken. Wir stellen uns etwas „zum Anfassen" vor, wo man eigentlich immer nur ins Leere schnappen kann. Erstaunlich finde ich es dabei auch, dass Traumatherapeuten häufig vom „Werkzeugkoffer" sprechen und damit – neben einem konkreten Koffer mit Hilfsmitteln – häufig das „innere Werkzeug" meinen wie z. B. Atemübungen zur Entspannung. Zu den konkreten Hilfsmitteln können Duftöle und Wärmekissen gehören.

Dennoch empfinde ich den Begriff „Werkzeugkoffer" oft wie eine leere Versprechung: Sieht aus wie Hilfe, aber da ist doch gar nichts drin! Bei schwer traumatisierten Menschen ist eben im verängstigten, schmerzvollen, affektreichen Zustand oft kaum etwas wirksam, außer der bedeutsame menschliche Kontakt, das Abwarten oder das Alleinsein.

Erst durch die mühselige, jahrelange Arbeit können wichtige Zusammenhänge ans Licht kommen. Eine unbewusste Phantasie aufzuspüren, ist oft Friemelarbeit, in der man langsam auf das zusteuert, was man dann auch „Zufall" oder „Glück" nennen kann, wenn man die Phantasie gefunden hat. In der Tat werden manche unbewussten Phantasien erst durch einen Fehler des Psychoanalytikers, einen klingelnden Paketboten oder andere Störungen entdeckt.

Doch damit man diesen Zufall sozusagen erwischen kann, ist es wichtig, dass sich Patient und Therapeut häufig sehen – zum Beispiel in einer hochfrequenten Psychoanalyse mit vier Terminen pro Woche.

Psychoanalyse erinnert mich manchmal an Tierfilmerei: Auch Tierfilmer können Wochen und Monate, manchmal Jahre an einem Platz hocken und auf „das Ereignis" warten. Der Analytiker sitzt in sogenannter „gleichschwebender Aufmerksamkeit" in seinem Sessel, lauscht dem Patienten, erlebt mit dem Patienten die gemeinsame therapeutische Beziehung und irgendwann erkennen beide, dass da etwas „be-griffen" werden kann, was immer ein Rätsel war. Einfach, weil es sich gerade zeigte und bereit war, entdeckt zu werden.

Daher empfinde ich den Begriff „unbewusste Glaubenssätze" für so schwierig, wenn er so rasch dahergesagt wird. Er wird heute in vielen Ratgebern und Psychotherapien verwendet, ohne dass sich die Menschen bewusst sind, was dieser Begriff eigentlich „Ungeheures" bedeuten kann. Natürlich gibt es bewusste und leicht erfassbare „Glaubenssätze" wie z. B. „Ich bin nichts wert und wenn ich um etwas bitte, dann werde ich abgelehnt." Doch solche Zusammenhänge können den Betroffenen meistens rasch klar werden. Hingegen lassen sich hochkomplexe und wirklich „tief sitzende" Glaubenssätze manchmal erst nach Jahren entdecken. Doch die Erleichterung und Befreiung, die solch einer Entdeckung meistens folgt, macht das Warten und Arbeiten zu einem sich wirklich lohnenden Projekt.

Psychoanalyse ist auch Traumatherapie

„Machen Sie auch Traumatherapie?", werde ich oft von Patienten gefragt, die mich in meiner Praxis anrufen. Ich frage oft zurück: „Was verstehen Sie unter Traumatherapie?" Die meisten Patienten denken dann an Hypnose, an Schematherapie, EMDR (Eye Movement Desensitization and Reprossessing), TRE (Trauma and Tension Release Exercises) oder die Psychodynamisch Imaginative Traumatherapie nach Reddemann (PITT, Reddemann, 2019).

„Mit EMDR kriegste so'n Trauma doch viel schneller weg als mit jahrelanger Psychoanalyse", hörte ich. Doch es gibt keine einfache Methode für schwere Traumata. Schon der amerikanische Journalist Henry Louis Mencken soll gesagt haben: „There is always an easy solution to every human problem -- neat, plausible, and wrong." („Es gibt immer eine einfache Lösung zu jedem menschlichen Problem – nett daherkommen, plausibel und falsch.")

Viele Bausteine, die zur Traumabehandlung eingesetzt werden, sind wertvolle Elemente, die den Betroffenen auf seinem Weg um vieles weiterbringen können. Aber bei schweren, frühen Traumata wirken sie in den seltensten Fällen allein.

Auch die hochfrequente Psychoanalyse setzt sich aus vielen Elementen zusammen: aus Phasen des Schweigens, des gemeinsamen Verstehens, aus der Analyse von Übertragungsprozessen, aus der Traum-Analyse, der Widerstandsanalyse, den Zeiten der Abwesenheit, der Analyse von Körperreaktionen, Affekten und vielem mehr. Sie wirkt meiner Meinung nach sogar noch besser, wenn man als Analysand noch etwas „dazutut", indem man z. B. regelmäßig Sport treibt, Musik macht, meditiert oder Yoga erlernt.

„Natürlich mache ich Traumatherapie – jeden Tag", antworte ich am Telefon. „Psychoanalyse ist ganz besonders auch Traumatherapie", antworte ich, denn frühe Traumata sind durch Beziehungen entstanden. Aus meiner Sicht ist es daher nachvollziehbar, dass sie auch wieder durch Beziehung gelindert, entschärft oder auch auf eine gewisse Art geheilt werden können.

Sigmund Freud schrieb hierzu bereits 1910 („Über Psychoanalyse"): „Diese ganze Kette von pathogenen Erinnerungen mußte dann in chronologischer Reihenfolge reproduziert werden, und zwar umgekehrt, die letzte zuerst und die erste zuletzt, und es war ganz unmöglich, zum ersten und oft wirksamsten Trauma mit Überspringung der später erfolgten vorzudringen."

So lässt sich auch verstehen, dass auch die Psychoanalyse im „Hier und Jetzt" stattfindet. Häufig bearbeitet man erst die aktuellen Probleme und dringt dann nach und nach zu den Ursprüngen des Leidens vor.

In der hochfrequenten Psychoanalyse sehen sich Analysand und Analytiker viermal pro Woche, das heißt, es wird automatisch eine intensive Beziehung zwischen zwei Menschen aufgebaut. In der „klassischen" Psychoanalyse, liegt der Patient zudem auf der Couch, das heißt, er begibt sich in eine „ohnmächtige Position". Das ist oft erst nach einer längeren Therapiephase im Sitzen möglich.

Der Analytiker sitzt im Sessel hinter der Couch, sodass der Patient den Analytiker nicht sehen kann, was den Vorteil hat, dass auch peinliche Themen leichter besprochen werden können, aber den „Nachteil" hat, dass der Psychoanalytiker wie eine Bedrohung empfunden werden kann.

Natürlich ist dieser „Nachteil" gleichzeitig ein riesiger Vorteil, der therapeutisch hervorragend genutzt werden kann. Wenn der Patient im Laufe der Therapie den Analytiker möglicherweise als weniger bedrohlich erlebt, dann erlebt er auch die Nähe zu anderen Menschen als weniger beängstigend. So kann z. B. eine bisher unmögliche Partnerschaft vielleicht endlich möglich werden.

> *Tiefe Traumata sind durch eine lange Einwirkungszeit entstanden und können demzufolge oft nur durch ebenso viele Jahre Therapie beeinflusst werden. Patient und Analytiker nehmen sich genügend Zeit, sich die einzelnen Aspekte anzuschauen und sie durchzuarbeiten, bis wirkliche Veränderungen stattfinden können.*

Was darf und was darf nicht in einer Psychotherapie?

Manche Psychotherapeuten berühren ihre Patienten. Aus der Psychoanalyse kenne und schätze ich die Regel, dass es keine Berührungen gibt außer dem Händeschütteln zu Beginn und zum Ende der Stunde. Das entlastet sowohl den Analytiker als auch den Patienten von vielerlei Spekulationen. Die Frage, ob der Therapeut dem Patienten die Hand halten darf, um ihn zu beruhigen, kommt somit gar nicht erst auf.

Ich weiß, dass es hierzu unterschiedliche Meinungen gibt. Doch ich halte gerade bei Schwertraumatisierten die Therapie ohne körperliche Berührung für das sinnvollste Vorgehen. Es kommt in der Psychoanalyse zu „Momenten der Begegnung" („Now Moments"), die so berührend sind, dass der Patient das Gefühl hat, in der Tat „berührt" worden zu sein. Die Psychoanalytikerin Danielle Quinodoz hat ein passendes Buch zu diesem Thema geschrieben mit dem Titel „Worte, die berühren".

Natürlich ist es oft ein bewusster Wunsch des Patienten, vom Therapeuten berührt zu werden. Und doch beruhigt es ihn unbewusst, dass er mit Sicherheit nicht angefasst werden wird. Wenn ein Therapeut nämlich tatsächlich fragt: „Möchten Sie, dass ich Ihre Hand halte oder Ihre Schulter berühre?", dann kann das den Patienten sehr in Verlegenheit bringen. Was, wenn er es nicht möchte, aber aus Sorge davor, den Therapeuten zurückzustoßen, nicht Nein sagt?

Der Wunsch nach Berührung kann zum Thema in der Therapie werden. Die furchtbare Sehnsucht auszuhalten, ist oft eine große Herausforderung, aber es ist ein Weg, der auf Dauer zu einem großen Sicherheitsgefühl führt. Oftmals wird die Sehnsucht nach Berührung so groß, dass sich die Betroffenen wieder auf die Suche nach einem Partner begeben oder in anderer Form außerhalb der Therapie Berührung suchen.

„Aber wirkt es nicht retraumatisierend, wenn ein Patient als Kind nie berührt wurde und jetzt wieder erlebt, dass er nicht berührt wird?", fragen manche. Ich denke, dass Kinder, die von ihren Eltern körperlich nicht berührt wurden, häufig auch emotional nicht berührt wurden. In der Analyse haben wir eine neue Situation: Der Analytiker ist die ganze Zeit damit beschäftigt, über den Patienten nachzudenken, mit ihm zu fühlen, zu versuchen, sich in ihn hineinzuversetzen und ihn zu verstehen. Diese emotionale Arbeit und auch seine zuverlässige Präsenz kommen häufig einer Berührung gleich.

„Es ist, als hätte ich hier in der Psychoanalyse einen schützenden Mantel bekommen", sagt ein Patient. Viele Analytiker haben zudem eine Decke auf ihrer Couch liegen, sodass die Patienten sozusagen „ein Stück vom Analytiker" um sich herumlegen können. Es sind eben zwei Körper in einem Raum – das birgt viel Potenzial für Phantasien, Ängste, Wünsche und Sehnsüchte, die alle besprochen werden können. Der Raum selbst kann wie eine Schutzhülle erlebt werden – aber natürlich häufig auch wie das Gegenteil, nämlich wie ein Gefängnis. Und auch das kann wiederum von Patienten thematisiert werden.

Übertragungen in der Therapie und im Alltag

Der Mensch, mit dem wir in den ersten Jahren am engsten zusammen waren, gibt uns eine Vorstellung davon, wie sich Zweierbeziehungen anfühlen können und wie sie sich gestalten. Die Beziehung zur Mutter wird zur Schablone für viele weitere Beziehungen. Der Vater als Dritter zeigt uns, wie Beziehung zu dritt funktioniert und unsere Geschwister, Großeltern, Freunde usw. erweitern den Kreis.

Wer überwiegend schlechte Erfahrungen mit den Eltern gemacht hat, der ist auf merkwürdige Weise besonders eng mit ihnen verbunden. Die Menschen, die in liebevollen, verständnisvollen und einfühlsamen Beziehungen groß wurden, können sich leichter lösen. Das ist insofern logisch, als dass komplizierte Beziehungen eher bei uns hängen bleiben als „normale" oder „natürliche" Beziehungen. Der Lehrer, den wir am wenigsten mochten, ist uns wahrscheinlich besonders stark im Gedächtnis geblieben. Der Wunsch, dass doch noch „alles gut" wird und das Bedürfnis, den anderen zu bezähmen, wirkt wie eine Sucht auf uns und lässt uns in schlechten Beziehungen stecken bleiben.

Die Mutter oder der Vater, die uns viel verboten, bleiben uns zudem als „strenges Gewissen" (als „Über-Ich") erhalten. Bevor wir etwas tun oder sagen, überlegen wir mehr oder weniger bewusst, ob Vater oder Mutter damit einverstanden sind oder wären. Strenge Stimmen bleiben sehr hartnäckig in uns hängen. Vor allem, wenn wir Strafen ausgesetzt waren, spüren wir vielleicht, wie wir uns auch als Erwachsene noch allzu leicht ducken – das kann wortwörtlich ein körperliches Ducken sein, aber auch eine innere Haltung von Nachgeben oder Sich-Unterwerfen. Wenn die Strafe ausbleibt, neigen wir sogar manchmal dazu, uns selbst zu bestrafen. So bleiben alte Kreisläufe wie in einer Tradition erhalten.

Wir fühlen uns auch im Beruf oder in der Partnerschaft vielleicht dem anderen ähnlich ausgeliefert wie damals den Eltern. In der Psychoanalyse verstärkt sich dieser Effekt. Hier besteht jedoch die Chance, dieses Altbekannte zu transformieren. Mit der Zeit kann der Patient spüren, dass der Therapeut anders ist als es Mutter oder Vater waren. Somit erweitert sich der Möglichkeitsraum in der Psyche des Patienten. Die hartnäckigen Bilder, die wir nach einem Trauma immer wieder anderen Menschen überstülpen, können sich über die Zeit lockern und verändern – sowohl in der Therapie als auch im Alltag.

Wir machen in einer Psychoanalyse nicht nur neue Erfahrungen mit dem Analytiker als Vater / Mutter, sondern wir erfahren damit auch, dass sich Zweierbeziehung ganz anders anfühlen kann als wir es kennengelernt haben. Wir stellen vielleicht mit neuer Lebensfreude fest, dass wir unsere Wut zeigen dürfen und dass wir nicht unterwürfig sein müssen.

> Wenn wir ein festgebranntes Bild von Männern oder Frauen haben, dann können wir auch mithilfe des Therapeuten langsam spüren, dass „der Mann" oder „die Frau an sich" auch ganz anders sein kann. Wir werden durch die Analyse zunehmend flexibler und innerlich weicher. Wir gewinnen mehr Abstand zu unseren festgefahrenen Vorstellungen, was dann zur Folge hat, dass wir auch anderen Menschen ganz anders begegnen können.

> Wir können im Laufe der Therapie immer besser differenzieren zwischen dem, was wir erlebt haben und dem, was nun in diesem Moment wirklich gerade vor sich geht.

Wenn wir von unseren Eltern viel zu früh, zu lange und zu plötzlich immer wieder allein gelassen wurden, dann kann sich dieses Gefühl in der Psychoanalyse wiederholen. Wenn der Analytiker hinter uns sitzt und schweigt, können wir auf einmal die Phantasie entwickeln, er wäre weggegangen und nicht mehr da. Wir bekommen dann auf der Stelle wieder ein sehr ähnliches Gefühl wie das, das wir als Kind hatten, als uns die Eltern vielleicht nächtelang allein ließen.

Wenn wir dieses Gefühl dann bestehen lassen, kann es vielleicht sogar von sich aus abklingen oder es kann in Gesprächen bearbeitet werden. Wir können die Erfahrung machen, wie es ist, wenn unsere wichtigste Bezugsperson dableibt.

Wir können erfahren, dass nicht jede „Mutter" wegrennt, sondern dass andere Menschen, wie z. B. der Therapeut, bei uns bleiben, wenn es kritisch wird.

So ganz werden sich unsere Übertragungen vielleicht nie auflösen lassen. Wir werden die Welt immer mehr oder weniger unter dem Schleier unserer eigenen Vergangenheit wahrnehmen. Aber wenn wir darum wissen, dann können wir uns selbst mehr infrage stellen. Wir können uns sagen: „Moment mal, es kann hier auch ganz anders sein."

Wir können uns von unserem Sicherheitsdenken zunehmend verabschieden, die Unsicherheit mehr und mehr zulassen und dann bemerken, dass der andere ganz anders ist als wir zunächst vermuteten. Wir können offener für die Wahrheit werden und dann die Welt weniger verstellt sehen – allein das hat einen sehr heilsamen Effekt.

Psychoanalyse bedeutet „Retraumatisierung in Mini-Schritten"

„Ich habe jahrelang eine Therapie gemacht – doch erst bei meiner neuen Therapeutin konnte ich von meinen traumatischen Erfahrungen erzählen", sagt ein Patient. Wie verhält es sich mit solchen Aussagen? War die erste Therapie dann „umsonst"?

Um Traumata verstehen zu können, ist es wichtig zu wissen, dass wir auf verschiedene Weisen denken. Je nachdem, wie wir ein Ereignis verarbeiten, steht es uns nicht zum Erinnern oder Erzählen zur Verfügung.

Unser vordergründiges Denken, mit dem wir im Alltags- und Berufsleben zurechtkommen, ist das sogenannte „sekundärprozesshafte Denken". Hier sind wir gut sortiert, wir gebrauchen unseren Verstand, wir sind realitätsnah und können mit unserem Gegenüber „vernünftig" sprechen. Daneben gibt es das „primärprozesshafte Denken", das sozusagen „unreifer" ist: Wir denken dabei wie im Traum. Wir denken in Bruchstücken, in Gegensätzen, mit viel Phantasie, wir denken „unlogisch" und eher wie ein Kind. Dinge in unserem Leben, die wir psychisch noch nicht gut verarbeitet haben, werden oft „primärprozesshaft" gedacht. Auch wenn es an unsere Traumata geht, tritt oft das „primärprozesshafte Denken" ein: Wir katastrophisieren leicht, wir träumen von unseren schlimmen Erlebnissen, wir haben Flashbacks und wir verhalten und fühlen uns wieder wie ein Kind, wenn wir mit unseren traumatischen Erinnerungen beschäftigt sind.

Schließlich gibt es noch den „Nullprozess", ein Begriff, den besonders der Psychoanalytiker Joseph Fernando geprägt hat. Beim Nullprozess macht die Psyche eines: nämlich genau nichts. Man träumt nicht davon, man erinnert sich nicht, man wird nicht bewusst getriggert, man spricht nicht davon, man verarbeitet es nicht. Gar nicht. Das Einzige, was sich zeigt, sind mitunter Unwohlsein, körperliche Symptome oder Angstattacken, die sich überhaupt nicht erklären lassen und zu denen sich nur sehr schwer Zusammenhänge herstellen lassen.

Das Trauma liegt also quasi wie ein isoliertes Paket irgendwo in der Psyche herum. Das ist z. B. dann möglicherweise der Fall, wenn das Trauma noch im vorsprachlichen Bereich stattfand oder wenn das Kind, dem das Trauma passierte, überhaupt keine Möglichkeit hatte, mit irgendwem darüber zu sprechen. Oder wenn es so schlimm war und so absurd, dass niemand dem Kind Glauben schenken würde und wenn es sich mit der Erinnerung daran oder mit dem Sprechen darüber, das heißt mit dem „Verrat", in extreme Schwierigkeiten bringen würde. Wenn z. B. die Mutter das Kind töten will, ist es für das Kind so unvorstellbar, dass es keine Möglichkeiten gibt, dieses Unfassbare irgendwie zu bearbeiten.

Joseph Fernando erklärte mir einmal, dass fast die einzige Chance, an so ein isoliertes Trauma heranzukommen, eine wirklich warmherzige Atmosphäre und eine sehr vertrauensvolle Beziehung zum Therapeuten ist. Es kann eines Tages irgendwie auftauchen. Aus dem bis dahin „stehenden Bild" können doch noch plötzlich bewegte Bilder werden, die den Weg zur Sprache finden oder aber Analytiker und Patient können das Trauma, wie es möglicherweise stattgefunden hat, mithilfe vieler, kleiner Bausteine nach jahrelanger Arbeit rekonstruieren.

Psychoanalyse ist eine permanente, wohldosierte „Retraumatisierung". In kleinen Mini-Schritten erfährt der Patient wieder die Traumata, die ihm als Kind widerfahren sind. So kann man an das Trauma rankommen. Der Patient wird sich zum Beispiel vom Therapeuten nicht verstanden fühlen, er wird sich angegriffen und ausgeschlossen fühlen. Der Patient wird den Therapeuten beneiden, ihn als grausam und kalt erleben und vieles mehr.

Erinnerungen und Phantasien zu Missbrauchssituationen können auftauchen und wenn der Analytiker dann sein Honorar verlangt, fühlt sich der Patient vollends „missbraucht". Doch im Gegensatz zu früher kann all das nun bewusst erlebt und zur Sprache gebracht werden.

Die ganze Welt, in der der Patient lebt, bringt er mit in die Therapie. Egal wie einfühlsam, bemüht, freiheitsliebend und verständnisvoll der Analytiker ist: Der Patient wird ihn möglicherweise eine ganze Zeit lang als böse, einengend und missbräuchlich erleben. Wichtig ist, dass darunter sozusagen ein Band des Grundvertrauens mitläuft. Dieses Phänomen, dass der Patient das Schlechte vor dem Hintergrund eines Vertrauensbündnisses erleben kann, nennt sich „therapeutische Ich-Spaltung". Der Patient ist z. B. äußerst wütend auf den Therapeuten oder er hat Angst vor ihm und doch weiß er auf einer Ebene, dass diese Gefühle zwar „echt", aber hier und jetzt nicht mehr ganz passend sind. Sie passen eben zu dem früher Erlebten.

Erst im Laufe einer Psychoanalyse versteht der Patient, dass bei einem Grundband an Vertrauen gerade in den sogenannten negativen Übertragungen („Der Therapeut behandelt mich schlecht!") die Chance auf den Ausweg aus der traumatischen Erlebniswelt liegt. Bei unserem Patienten aus dem Eingangsbeispiel konnten in der ersten Therapie sozusagen die Voraussetzungen dazu geschaffen werden, die traumatischen Erlebnisse in die bewusste Erinnerung zu führen und in den Sprachraum eintreten zu lassen.

Und was ist mit dem Körper?

„Ich mache lieber eine Körpertherapie", höre ich Betroffene manchmal sagen. Doch im psychoanalytischen Setting – der Patient liegt auf der Couch und der Psychoanalytiker sitzt nah dahinter – wird der Körper direkt angesprochen.

Viele Patienten sprechen rasch von körperlichen Beschwerden, sobald sie sich hinlegen. Da grummelt es im Bauch, da schmerzt der Kopf, da versagt die Stimme. Und auch der Psychoanalytiker reagiert vielleicht mit hörbaren Darmgeräuschen, mit Unruhe oder Husten. Die körperliche Nähe zum Analytiker, der dem Patienten sehr vertraut wird, ist so groß, dass alle möglichen Körper-Themen auftauchen. Patient und Therapeut beobachten vielleicht die Atemgeräusche, wodurch leicht das Thema Sexualität auftauchen kann.

Harn- und Stuhldrang während der Sitzung können das Thema „frühe Körperpflege" wachwerden lassen: Wie hat die Mutter das Kind gehalten, wie wurde das Kind gewickelt, wie wurde ihm das „Trockenwerden" beigebracht? Ängste um Verdauungsgeräusche oder Ängste, die Praxis-Toilette zu benutzen, bringen diese frühkindlichen Körperthemen rasch wieder auf.

Die Angst, in Ohnmacht zu fallen, wird auf der Couch leicht reaktiviert. Körperliche Kraft und Schwäche werden thematisiert. „Wie darf ich hier eigentlich liegen?", fragt der Patient. „Darf ich die Schuhe ausziehen oder muss ich sie anlassen? Darf ich die Beine anwinkeln oder muss ich sie nebeneinander liegen lassen?" Das sind grundlegende Fragen, die den Körper betreffen. Viele Patienten liegen anfangs stocksteif da, fast wie ein Toter. Gedanken an das Sterben und an das Liegen im Sarg können auftauchen.

Unruhige Beine können sich bemerkbar machen oder es schmerzt die obere Wirbelsäule, „weil der Analytiker mir im Nacken sitzt". Mit fortgeschrittener Behandlung sind viele Patienten auch fähig, frühkindliche Phantasien wahrzunehmen: Der Patient kann z. B. die Vorstellung oder den Wunsch haben, im Bauch des Therapeuten zu sein. Phantasien um Befruchtung, Schwangerschaft, Erektion, Erregung und Geburt tauchen leicht auf. „Was, wenn ich meine Tage habe und rote Flecken auf Ihrer Couch hinterlasse?", fragt eine Patientin. „Ich könnte überhaupt nur zu einem Analytiker gehen, der eine rote Couch hat", sagt eine Frau. Und schon sind wir bei Phantasien zu Schneewittchen („Lippen rot wie Blut, Haut weiß wie Schnee und das Haar schwarz wie Ebenholz"). Auch das Element des „Sich-in-den-Finger-Piksens" als Symbol für die erste Menstruation aus dem Märchen „Dornröschen" kann auftauchen.

Der Phantasie sind auf der Couch keine Grenzen gesetzt. Häufig wird hier deutlich, wie sehr die körperliche Verdauung der Nahrung mit der psychischen Verdauung von Gefühlen und Erlebnissen zusammenhängt. Man findet den Therapeuten vielleicht „zum Kotzen", man entwickelt vor der Stunde vielleicht Reizdarmsymptome oder man hat ihn „zum Fressen gern". Manche Patienten schlafen ein, wodurch die Themen Vertrauen, Widerstand und Geborgenheit auftauchen können. Dadurch, dass der Psychoanalytiker abstinent bleibt und keine körperlichen Berührungen zulässt, wird der Patient mit unerfüllten, körperlichen Sehnsüchten konfrontiert.

Viele Psychoanalytiker haben z. B. eine Decke auf der Couch liegen. „Ich würde mich nie trauen, sie zu nehmen", sagt ein Patient. Er fühle sich sonst dem Therapeuten zu nah. „Es ist, als wären Sie dann um mich herumgewickelt", sagt eine Patientin. Eine andere Patientin sagt: „Ich würde hier nie ohne Decke liegen wollen, ich käme mir wie nackt vor".

Manchmal, wenn ich eine sehr körperlich betonte Stunde erlebt habe und ein Leser im Internet wieder fragt, ob in der Psychoanalyse denn auch der Körper berücksichtigt werde, antworte ich entschieden: „Ja!"

Keine Angst vor der Wahrheit mehr - über Schuld und Scham

„Ich kann mich gut daran erinnern, wie ich anfangs in der Therapie alles abwehrte, weil ich Angst hatte, dass ich dadurch nur noch tiefer in mein Loch gerissen werde", sagt ein Betroffener.

Viele haben heute die Vorstellung von Nervenstraßen wie Autobahnen. Sie glauben, wenn Sie sich sehr mit ihren schwierigen Themen beschäftigen, dann ist es, als würde ein Pfad ausgetrampelt werden. Die Vorstellung lautet: „Je öfter ich mich mit meinen traumatischen Themen beschäftige, desto weniger kann ich wieder davon wegkommen. Die Trauma-Straße im Nervensystem wird immer breiter und immer unausweichlicher. Die Nerven reagieren immer schneller auf meine Beschäftigung mit den schmerzhaften Ereignissen", so die Idee.

Dieses Bild ist angelehnt an das Bild vom „Schmerzgedächtnis". Heute heißt es: Schmerzmittel so früh wie möglich geben, weil sich sonst der Körper die Schmerzen merkt und es dann immer leichter zu Schmerzen kommen kann. Man dürfe dem Schmerz keine Chance geben, damit er sich nicht einnisten kann. Wichtig dabei wäre jedoch zu schauen, welche Bedeutung der Schmerz hat, ob man allein damit ist oder ob man mit jemandem darüber sprechen kann, bei dem es auf Resonanz stößt.

Wie schwierig es sein kann, von seinen schmerzhaften Themen wegzukommen, haben Sie vielleicht selbst schon erfahren: Wenn Sie Depressionen haben, dann werden Sie wissen, wie nutzlos es manchmal ist, sich zu vergegenwärtigen, wofür Sie alles dankbar sein könnten. Sie können noch so hübsche Blumen betrachten – Sie werden sie nicht schön finden, wenn Sie in der Depression sind oder anders gesagt: Die Schönheit der Blumen trifft in Ihnen nicht auf Resonanz.

Wenn ich mich in der Psychoanalyse aber mit meinem Trauma beschäftige, dann kommt es zu Resonanzen. Wenn der Analytiker etwas von mir erfasst und eine Deutung ausspricht, durch die ich mich zutiefst verstanden fühle, dann gerät etwas in mir in Schwingung. Es ist, als würde etwas in mir berührt, was zuvor noch nie berührt wurde. Immer gingen die Leute darüber hinweg und sagten sowas wie: „Jetzt beschäftige dich nicht zu viel damit, denk nicht zu viel nach und steigere dich da nicht rein."

> *Durch Sätze wie diese baut man jedoch innerlich einen Widerstand auf. Und der Widerstand sorgt dafür, dass die andere Kraft dagegen drückt. Denn die traumatischen Erfahrungen drängen danach, bearbeitet zu werden. Wenn ich ihnen den Weg versperre, werden sie noch größer. Der traumatische Teil kapselt sich ab und das Gefühl von Isolation, nicht verstanden werden und Rätselhaftigkeit ist die Folge.*

Wenn etwas in Ihnen ins Schwingen gerät, weil ein anderer von außen zeigt, dass er etwas von Ihnen verstanden hat, dann verbessert sich Ihre sogenannte „Schwingungsfähigkeit" insgesamt. Wenn Sie es also schaffen, sich dem Negativen angstfreier zu öffnen und auf Resonanz treffen, dann hat auch die Blume wieder die Chance, in Ihnen auf Resonanz zu treffen.

„Ich fühle mich im Winter bei Nebel und Usselwetter viel wohler als im Sommer, wenn alles blüht und sprießt", sagen manche. Es ist, als fühlten sie sich vom schlechten Wetter verstanden. „Ich fühle mich genau so, wie's draußen aussieht", sagen sie. Das ermöglicht es ihnen jedoch, sich auch an einem leckeren Lebkuchen, an einer warmen Kuscheldecke oder am Duft von Tannen zu erfreuen.

Ich habe sehr oft erlebt, wie sich selbst schwerste depressive Zustände innerhalb von Sekunden aufklaren konnten, wenn der Analytiker eine Deutung geben konnte, die auf den Patienten genau zutraf. Hier zeigt sich für mich, dass es sich bei Depressionen nicht um ausgetretene Pfade oder hartnäckige „Stoffwechselstörungen" im Gehirn handelt. Es ist – bildlich gesprochen – eher eine Frage von Isolation, von verschlossenen Türen und der Möglichkeit, wieder mit sich selbst und anderen in Kontakt zu kommen. Daher würde ich sagen: Keine Angst vor der Beschäftigung mit den Schmerzen, mit dem Trauma, mit dem „Negativen". Im Austausch mit einem verstehenden anderen oder auch mit dem verstehenden Selbst kann sich vieles verändern.

DAS TRAUMA HEILEN: WAS HILFT?

Natur hilft

„Wenn ich nicht in Verbindung zur Natur aufgewachsen wäre, ich glaube, dann wäre ich heute nicht mehr hier", sagt eine traumatisierte Patientin. Das milde Novemberwetter mit seinem Nebel und der warm-feuchten Luft hüllte sie ein wie ein wohliger Mantel. Sie konnte in der Natur die geistig-körperlichen Erfahrungen machen, die Kinder normalerweise mit ihren gesunden Eltern machen können. Der Duft von Landluft versetzte sie in eine Art Ekstase, seit sie in einer Jugendfreizeit in einem geborgenen Umfeld eine Radtour gemacht hatte. An diesem schwülen Sommertag lag die Landluft schwer über den Feldern. Nie hatte sich die Betroffene so frei gefühlt.

Auch die Geräusche der Natur, die Regentropfen, das Vogelgezwitscher oder das Rauschen des Baches wirken beruhigend. „Ich kann nur einschlafen, wenn ich abends meine App höre, auf der Meeresrauschen abgespielt wird", sagt eine Patientin. Die Sonnenstrahlen, die unsere Haut wärmend berühren, können uns zutiefst beruhigen und trösten.

Schon immer fanden Menschen Trost in der Natur. Dichter, Maler, Komponisten und andere Künstler beschäftigen sich seit jeher mit ihr. Ging man allerdings früher davon aus, dass psychische Störungen häufiger in der Stadt anzutreffen sind als auf dem Land, so wendet sich das Blatt heute anscheinend: Die Rate psychisch Erkrankter ist gemäß einer Studie von Edward Shorter und Kollegen (Shorter et al., 2017) auf dem Land höher als in der Stadt.

Sich darauf zurückzubesinnen, wie sehr die Natur helfen kann, wirkt oft wie ein Rettungsanker in der Not. „Wenn ich hier auf dem Meer bin, sind alle Sorgen weit weg", sagt ein Fischer an der Nordsee. „Ich würde nie in die Psychiatrie gehen. Wenn ich in schwere, seelische Nöte gerate, fahre ich ans Meer", sagt eine Ärztin.

Manchmal muss man sich aufraffen, doch wenn innere Anspannungen wieder zu groß werden, dann kann ein Ausflug in die Natur sehr entlasten. Da viele Traumatisierte auch unter Angststörungen leiden, ist es für die Betroffenen wichtig, Außenaktivitäten zu finden, die sich leicht umsetzen lassen. Tatsächlich müssen Sie nicht viel tun. Hier ein paar einfache Tipps zum Spiel in der Natur:

- Im Winter können Sie sich erden, indem Sie ein paar Schritte barfuß durch das Gras, den Schnee oder über eiskalten Boden oder Sand gehen.
- Ganz simpel: Lüften Sie regelmäßig. Geben Sie Wind und frischer Luft in Ihrer Wohnung eine Chance.
- Im Sommer gibt es in vielen Wäldern Barfußpfade. Aber auch ohne künstlich angelegte Pfade können Sie sich einen Barfuß-Spaziergang durch den Wald gönnen.
- Gehen Sie schwimmen. Es gibt auch im Winter beheizte Freibäder. Thermen sind sehr wohltuend.
- An manchen Spazierwegen finden sich Kneipp-Becken, durch die man barfuß durchwaten kann. Dabei ist wichtig: Das Bein, das den nächsten Schritt tut, soll vollkommen gebeugt und damit kurz ganz aus dem Wasser gezogen werden.
- Der Kontakt zu Tieren ist für viele eine Entlastung. Das warme Fell und der Atem des Tieres können sofort beruhigen.
- Lassen Sie auf dem Feld Drachen steigen.
- An manchen Orten gibt es alte Gleiswege, auf denen man Draisine fahren kann – auf angenehmen Strecken von fünf bis zehn Kilometern können Sie Bewegung und Naturerlebnis miteinander verbinden.

- Sommerrodelbahnen erlauben auf ungefährliche Weise ein bisschen frische Luft im Gesicht.
- Besuchen Sie Baumärkte und Gartencenter. Auf sehr viele Menschen, die mit Anspannung und Depressionen kämpfen, hat der Gang durch den Baumarkt eine erholsame Wirkung.
- Setzen Sie sich in eine Landcafé.

Bildung hilft

Versuchen Sie, sich zu bilden, wo immer Sie können. In der Geschichte „Der Graf von Monte Christo" von Alexandre Dumas (1844) ist eine beeindruckende Szene dargestellt, in der der junge Seemann Edmond Dantès im Gefängnis ausgepeitscht wird und nicht weiß, wohin mit seinem Schmerz. Der Gefangene erhält in seiner Zelle Unterricht von seinem Mitgefangenen Abbé Faria. Dieser bringt ihm Italienisch bei. Bei den nächsten Auspeitschungen geht Edmond Dantès mit jedem Schlag die neu gelernten Vokabeln durch, wodurch er seine Schmerzen kanalisieren kann.

Bildung ist ein starker Weg hinaus in die Freiheit. Gerade bei schwer Traumatisierten spielt die Sprache eine wichtige Rolle. Oftmals wendeten die Eltern Gewalt an, weil sie selbst kaum Worte fanden. Bildung heißt meistens auch sprechen können und Sprache heißt meistens auch Bewusstsein. Wenn ich meine Wut aussprechen kann, dann brauche ich nicht zuzuschlagen.

> Wenn Menschen mit wenig Bildung an ihre sprachliche Kommunikationsgrenzen kommen, dann vergrößert sich ihre Wut und die körperliche Anspannung will sich in Form von Schlagen und Schreien ihren Weg nach außen bahnen.

Bildung und Bindung hängen unweigerlich zusammen. Wer intensiv ein

Instrument, eine Sprache oder einen Sport lernen will, kann das am besten, wenn er zu seinem Lehrer eine enge, emotionale Bindung hat. Man will werden und sein wie dieser Lehrer, man lernt auch „für ihn", man will zusammen sein mit ihm.

Nur sicher gebundene Kinder haben den Kopf frei zum Lernen. Wenn die Eltern morgens lautstarken Ehekrach hatten, wird das Kind sich in der ersten Schulstunde nicht auf den Unterricht konzentrieren können. Es lernt weniger und der niedrige Bildungsgrad wird in traumatisierten Familien von Generation zu Generation vererbt.

Doch zum Lernen ist es nie zu spät und es lohnt sich immer, selbst wenn man nur sehr klein anfangen kann, weil es an Geld mangelt. Manchmal rufen schwer traumatisierte Patienten bei mir an, um zu fragen, ob ich einen Therapieplatz frei habe. Ich kann hören, wie sie nach jedem Wort ringen, wie sie nicht wissen, wie sie fragen sollen und welche Worte sie benötigen. Sie sprechen manchmal sehr langsam, manchmal sehr laut, aber sehr oft unbeholfen. Diese Telefonate berühren mich oft sehr. Es zeigt mir schon am Telefon, wie allein die Suche nach Hilfe für Menschen mit wenig Bildung schon zu einer riesigen Herausforderung wird.

Bildung heißt auch, innere Kreativität wachsen zu lassen. Es können mit zunehmender Bildung immer mehr innere Verbindungen zwischen den Themen geschaffen werden. Wenn ich weiß, dass die Vorsilbe „prä" oder „pre" die Bedeutung von „vor" hat, dann weiß ich, dass ein italienisches, ein englisches, ein lateinisches, französisches oder spanisches Wort, das mit „pre" anfängt, irgendetwas mit „vor" bedeuten kann. So kann ich mit einem Mini-Baustein an Wissen ganz viel anfangen.

Wenn ich eine Psychotherapie machen möchte, dann hilft es mir, wenn ich weiß, dass es im Groben die zwei Richtungen Verhaltenstherapie und tiefenpsychologisch fundierte Psychotherapie gibt. Ich kann dann schon ganz anders auf die Suche gehen. Viele Patienten haben davon noch nie etwas gehört. Sie suchen einen „Psychologen" und sind darauf angewiesen, Glück zu haben und dem richtigen zu begegnen.

Der Wert der Bildung für die eigene psychische Gesundheit und für das Glücksgefühl im Leben lässt sich gar nicht hoch genug einschätzen. Bildung ist leider besonders in Deutschland noch unglaublich stark vom Geld abhängig. Doch wer sich zumindest einen Internetzugang leisten kann, der kann heute den Segen von YouTube annehmen. Mit YouTube kann man sogar lesen und schreiben lernen, aber auch singen, andere Sprachen, Entspannungsverfahren und vieles mehr. In München wurde der syrische Junge Neil Tarabulsi in der Musikhochschule aufgenommen, nachdem er sich in seinem Heimatland via YouTube selbst das Klavierspielen beigebracht hatte (Tagblatt, 2014). Der regelmäßige Stromausfall war dabei sein größtes Problem.

Ich kann jedem schwer Traumatisierten ans Herz legen, sich für Bildung zu interessieren und die eigene Lust am Lernen (wieder) zu entdecken. Das Gehirn ist beim Lernen in besonderer Weise gefordert, es ist konzentriert und in einem ähnlichen Zustand wie bei der Meditation.

Bildung hilft, die körpereigene Stressachse (HPA-Achse) zu beruhigen. Man findet innere Freiheit, weil man mit zunehmender Bildung immer mehr Möglichkeiten für sich sieht. Das Gefühl der Sackgasse („Ich habe kein Geld", „Wie soll das gehen?", „Ich bin doch zu dumm") ist gerade bei frühtraumatisierten Menschen oft sehr stark, sodass sie schon früh aufhören, erste Schritte zu gehen.

Doch jeder kleine Wissenszuwachs hilft. Das wirkt auch dem „Nicht-wissen-wollen" entgegen, das viele Menschen mit frühen Traumata oft zur Abwehr einsetzen (Bion, 1959). Zu schmerzhaft wäre es gewesen, wirklich „zu wissen", wie böse die Eltern wirklich sind, zu erkennen, wie aggressiv man selbst ist oder zu sehen, welche Zusammenhänge in der Familiengeschichte verdrängt worden sind.

Beispielsweise gibt es in belasteten Familien oft große Familiengeheimnisse, die nicht selten schon die Frage offen lassen, wer der leibliche Vater des geschlagenen Kindes ist. Viele Mitglieder traumatisierter Familien glauben, dass alles nur schlimmer würde, wenn die Wahrheit ausgesprochen wird. Daher herrscht in vielen Familien eine Kultur des Nicht-wissen-wollens, des Nicht-genau-hinschauen-wollens, des Lügens und Verdrängens.

Häufig gibt es auch eine diffuse Angst vor Trennung unter den Familienmitgliedern. Immer wenn ich genau erkenne, wie ich bin und wie der andere ist, dann wird mir klar, dass wir getrennte Menschen sind. Wenn ich nicht so recht weiß, wer und wie ich bin und wer der andere, dann kann ich mir damit ein Gefühl der Getrenntheit vom Leibe halten. Dieser Mechanismus des Nichtwissen-wollens kann sich auf alle Bereiche ausdehnen. Und so fällt es vielen Traumatisierten schwer, sich auf den Weg der Bildung zu begeben. Sie haben immer wieder das Gefühl, damit die Familie zu verraten und sie befürchten, durch Bildung die Wurzeln zu ihrer Familie zu verlieren, was nicht selten sogar der Fall ist.

Es kommt recht häufig zur Entfremdung zwischen der wenig gebildeten Ursprungsfamilie und dem „arroganten Kind", das sich mit zunehmender Bildung für etwas „Besseres" hält. Wenn dann mit zunehmender Bildung auch noch die Fähigkeit steigt, Geld zu verdienen, bekommen oft auch die Betroffenen selbst ein Problem. „Bin ich das überhaupt wert?", fragen sie sich. Manchmal hindern sie sich dann phasenweise an der eigenen Weiterentwicklung. Auf jeder Stufe müssen sie innehalten. Sie ringen innerlich mit der Frage: „Soll ich weitergehen, mich noch weiter bilden, oder möchte ich meiner Familie treu bleiben?"

Doch wer einmal die Lust an der Bildung gefunden hat und das geistige Vergnügen daran kennengelernt hat, der möchte meistens weiterlernen und nicht wenige werden regelrecht wissbegierig. Das ist häufig auch sehr schön in den Behandlungen zu beobachten, wenn Patienten sich auf einmal weiterbilden, vielleicht sogar ein Studium anfangen oder einen Abschluss nachholen, den sie sich vorher nie zugetraut hatten. Die Freude an der Bewegung ist dann für alle spürbar – leider manchmal nur nicht für die Ursprungsfamilie, was für den Betroffenen oft große Trauer bedeutet. Doch auch die Ursprungsfamilie kann sich über die Jahre weiterentwickeln – man muss nur offenbleiben für die Veränderung und den anderen Zeit geben.

Und manchmal stellen die Bildungswilligen auch wie Goethes Faust (1808) fest: „Habe nun, ach! Philosophie, Juristerei und Medizin, und leider auch Theologie durchaus studiert, mit heißem Bemühen. Da steh ich nun, ich armer Tor! Und bin so klug als wie zuvor." Mehr zu wissen, heißt nicht „glücklicher" zu sein – aber es heißt auf eine bestimmte Art, nicht mehr so furchtbar hilflos und eingekerkert „unglücklich" zu sein.

Ich schnappte einmal diesen Satz auf: „Jetzt, da ich erleuchtet bin, fühle ich mich so miserabel wie zuvor."

> *Das Leiden geht oft weiter, aber man leidet anders. Man kann verstehen und dieses innere Verstehen und die Möglichkeit, mit anderen darüber zu kommunizieren, macht einen riesigen Unterschied zu der Hilflosigkeit zuvor. Es ist vielleicht so, als habe man vorher mit einem gebrochenen Bein nur eingegipst im Bett liegen können, während man nun dank Bildung trotz gebrochenen Beins die Welt bereisen kann.*

Wärme hilft

Vielen traumatisierten Menschen tut Wärme gut. Oft sind sie sich dessen gar nicht richtig bewusst. Sollten Sie dazu gehören, dann tun Sie einmal mehr das, was Sie möglicherweise sowieso schon manchmal tun, um sich zu helfen:

- Waschen Sie Ihre Hände und Ihr Gesicht mit sehr warmem Wasser. Nehmen Sie ein warmes Fußbad.
- Wenn es Ihnen nicht gutgeht und Sie bemerken, wie gut Ihnen Wärme tut, dann versuchen Sie, so viel wie möglich für Wärme zu sorgen. Duschen Sie warm.
- Bereiten Sie sich einen leckeren Tee und erhöhen Sie das Wärmegefühl, indem Sie z. B. wenige Tropfen Erdnuss- oder Walnussöl hinzugeben. Machen Sie sich eine Wärmflasche, die Sie sich unter die Füße legen, während Sie fernsehen oder lesen. Besorgen Sie sich eine kuschelige Decke.
- Wenn Sie Kerzen mögen, umgeben Sie sich damit.
- Wenn die Sonne scheint, gehen Sie bewusst zwischendurch raus, um sich ein paar Sonnenstrahlen zu gönnen. Jede Sekunde zählt.

Jede Sekunde zählt, jeder Tropfen hilft

„Aber ich stehe doch vor so einem großen Berg! Ich bin nicht mehr der / die Jüngste und ich habe so massiv viele Probleme, dass sie sich unmöglich noch lösen lassen", sagt so mancher. Nicht wenige Betroffene freuen sich insgeheim schon auf den Tod und sind über jeden Tag froh, den sie irgendwie geschafft haben.

Doch die Lösung liegt im Kleinen, im Allerkleinsten sogar. Jede Kleinigkeit hilft. So, wie Sie und Ihr Körper alles Schlechte abgespeichert haben, so können Sie auch Gutes ansammeln. Wenn Sie es einmal schaffen, einen Riegel weniger Schokolade, aber dafür eine Handvoll mehr Erdnüsse zu essen, ist das ein Mini-Schritt, der aber schon Wirkung zeigen kann.

Wenn Sie nur Ihren Esstisch aufräumen und ihn sauber abwischen, wenn Sie nur Ihren Wasserhahn entkalken, dann haben Sie etwas Kleines geschaffen, an dem das Gute andocken kann. Wenn Sie sich bewusst sind, dass die kleinsten Schritte einen Nutzen haben, wird es viel leichter sein, sich in kleinsten Schritten vorwärts zu bewegen. Sie haben vielleicht unvorstellbar Schlimmes erlebt und das in Massen. Sie sind vielleicht psychisch und körperlich schwer mitgenommen, vielleicht leiden Sie auch unter einer schweren Krankheit mit schlechten Aussichten. Und dennoch können Sie merken, dass es auch für Sie mehr Befriedigung geben kann, wenn Sie sich auf die Kleine-Schritte-Politik besinnen.

„Was nützt es, wenn ich mich an einem Dienstag zu etwas Bewegung aufraffen kann, dann aber die nächsten drei Wochen nur auf der Couch rumhänge und zunehme?", fragen Sie sich vielleicht. Dann hatte jedoch der eine Dienstag seinen Nutzen: Sie haben an dem Tag ein Quäntchen mehr frische Luft bekommen, woran Sie wieder anknüpfen können. Verzagen Sie nicht. Die Strecken der Kraftlosigkeit sind bei traumatisierten Menschen lang, aber wenn Sie dann einmal wieder etwas mehr Kraft haben, dann nutzt jedes gute bisschen, das Sie für sich und ihren Körper tun.

Wenn Sie beständig bleiben und trotz der „Es-nutzt-doch-nichts-Gedanken" einfach eine Weile weiterhin für das Gute sorgen, dann merken Sie irgendwann, dass es doch genutzt hat. Wenn Sie im Yoga monatelang das Gefühl haben, es tut sich nichts, werden Sie doch irgendwann überrascht feststellen, dass auf einmal ein Bewegungsradius weiter geworden ist, ohne dass Sie es bemerkt haben.

„Schaue nicht auf die Früchte" ist eine Philosophie, die sich in vielen Religionen wiederfindet. Das bedeutet, dass man bei der Arbeit nicht ständig ängstlich auf den Kontostand blicken soll, auch wenn die Not groß ist. Es nützt mehr, den Blick wieder auf seine Arbeit zu richten, sein Herz dort hineinzulegen und die Arbeit so gut wie möglich zu machen. So kommen Sie in eine Art Meditation und es braucht weniger Kraft. Für gute Arbeit werden Sie vielleicht mehr Lohn erhalten als für halbherzige. Sie können so auch während der Arbeit überlegen, ob es vielleicht noch unentdeckte Wege gibt, um Geld mit dem zu verdienen, was Sie wirklich gut können.

Wenn Sie heute ein Schlückchen mehr Vitamine trinken und dann wochenlang nur Junkfood zu sich nehmen, geht das Schlückchen Vitamine unter, möchte man meinen. Aber es ist dennoch da und wenn es Ihnen wieder besser geht, finden Sie die Motivation, wieder daran anzuschließen. Verteilen Sie nur heute den Duft von Orangenöl in ihrer Wohnung oder reiben Sie nur heute eine Zitronenschale, um Ihrer Küche einen guten Duft zu verleihen. Auch das merkt sich Ihr Körper und Ihre Psyche. Falten Sie nur diesen einen Pulli liebevoll, bevor Sie ihn ins Schrankfach legen, wischen Sie nur einmal am Auto den Kofferraumrahmen sauber, machen Sie nur einmal mehr das Fenster auf für frische Luft.

Die vielen kleinen „nur das eine Mal" sammeln sich an – im Schlechten wie im Guten. Aber wenn wir uns hierbei auf das Gute konzentrieren, können wir uns immer mehr motivieren, sodass das Gute langsam wachsen kann. Wenn wir nur einen kleinen Punkt geschaffen haben, von dem aus wir weiter wachsen können, dann haben wir sehr viel geschafft.

„Enter Zen from there" – Wo mit dem psychischen Aufräumen beginnen?

Wer unter einem schweren Trauma leidet, der sitzt wie vor einem überfüllten Schreibtisch: An welcher Ecke soll man da anfangen aufzuräumen? „Soll ich für mich allein mit Thema I oder Thema II beginnen, mit autogenem Training oder einer Verhaltenstherapie? Gehe ich lieber in eine Klinik oder suche ich mir einen Psychoanalytiker? Soll ich Medikamente nehmen oder nicht?"

Eckhart Tolle erzählt in einem YouTube-Video eine schöne Geschichte: Ein Mönch fragt seinen Meister, wie er Zen erreichen kann (also wie er „erleuchtet" werden, seinen Frieden finden kann). Der Meister fragt: „Hörst du das Rauschen des Berges?" Der Mönch bemerkt, dass er nichts hört, sagt aber: „Ja." Der Meister sagt: „Dann betrete Zen von dort." Der Junge zögert und fragt: „Was, wenn ich das Rauschen des Berges nicht gehört hätte?" Und der Meister antwortet: „Dann betrete Zen von dort." Will sagen: Es gibt viele Wege nach Rom – wir können von allen möglichen Punkten aus unsere Ziele erreichen.

Wer eine Psychotherapie macht, der ist oft mit der Frage beschäftigt, was er denn diese Stunde am besten erzählen soll und was er zum Thema machen soll, damit er heute „wirklich" weiterkommen kann. Die Antwort ist: Es ist egal. Von jedem Punkt aus geht es in die Mitte, von jedem Punkt aus sind wir verbunden mit dem, was uns im Unbewussten beschäftigt.

Wenn wir nur plappern, macht uns der Analytiker vielleicht darauf aufmerksam, dass wir zum Plappern neigen und etwas Wesentliches nicht anschauen mögen. Schon haben wir wieder etwas Wichtiges von uns gelernt. Wenn wir eine Weile schweigend da liegen und aufmerksam fühlen, was in uns vorgeht, können wir uns selbst gut nähern. Wenn wir aufgeregt reden oder wie im Fluss frei assoziieren, dann spüren wir, wie es sich anfühlt, wenn wir viel Lärm um nichts machen oder wie uns die Gedanken, die uns dabei kommen, dennoch zu unserer Mitte führen.

Wir müssen uns nicht stressen. Manchmal fühlen wir uns vielleicht, als würde uns ein Arzt sagen: „Sie haben nur noch drei Monate zu leben – machen Sie das Beste draus." Wir kommen in einen ungeheuren Stress. So viel Zeit unseres Lebens ging vielleicht durch unser Trauma drauf. „Ich habe mindestens 10 oder 20 Jahre durch mein Trauma verloren", sagen manche. Die damit verbundene Tragik ist manchmal kaum auszuhalten. Gerade nach traumatischen Erfahrungen ist das Leben schneller als wir. Durch die Zeit, die unser Trauma in Anspruch nahm, ist es uns vielleicht nicht gelungen, rechtzeitig eine Familie zu gründen oder unseren Traumberuf zu finden.

Und dennoch ist es auf eine gewisse Art keine verlorene Zeit. Da ist oft tiefste Trauer über das Verlorene, oft gemischt mit großer Wut. Aber wir sind sehr reich an Erfahrung, die wir nutzen können. Wir können vieles nach und nach verarbeiten, wir können über das nicht zu Verarbeitende meditieren, wir können herausfinden, welche Hilfen und Menschen wirklich hilfreich sind. Wir können eine Tiefe erlangen, die so manchem fehlt. Wir können tatsächlich von da, wo wir stehen, „Zen" erreichen.

Das Leben mit dem Trauma - Eine Lebensmeditation aus dem Trauma machen

Wohl die meisten schwer traumatisierten Menschen fragen sich: „Werde ich *das* ein Leben lang haben?" Mit „das" meinen die Betroffenen das gesamte Paket, das ein schweres Trauma mit sich bringen kann: Immer wiederkehrende Angst, das Gefühl, gefangen zu sein, einsam zu sein, größte Schwierigkeiten in Beziehungen und im Beruf zu haben, schlaflos mit Herzschmerzen und immer wieder depressiv zu sein.

Wir haben gesehen, dass das Trauma sowohl als etwas „Inneres" als auch als etwas „Äußeres" erlebt wird. In uns lebt der Angreifer irgendwie weiter, in uns sind formlose oder konkrete Bilder, wir sehen die Welt mit bestimmten Augen und außen erleben wir es oft so, als seien alle gegen uns oder als könnte uns niemand verstehen.

„Ich habe es geschafft! Ich habe mein Trauma überwunden", sagt der ein oder andere im Fernsehen. Es gibt hunderte von „Nie-wieder-Büchern": „Nie wieder Angst", „Nie wieder depressiv" usw. Wer es liest und dann nicht weiterkommt, fragt sich, was er falsch macht. Wichtig zu bedenken ist, dass die Fernsehsendung mit dem Helden eine Momentaufnahme ist. Oft hört man von diesen Menschen nichts mehr oder man liest dann doch, dass sie wieder „abgestürzt" sind.

„Manche Menschen überwinden ihr Trauma nie", höre und lese ich oft. Doch was heißt das überhaupt? Gibt es Menschen, die ihr Trauma „überwinden"? Für mich heißt „das Trauma überwinden", dass endlich etwas gelingen kann, was vorher nicht gelang: einen Partner zu finden und mit ihm gut zu leben, sich einen beruflichen Wunsch zu erfüllen, der zuvor unmöglich erschien, phasenweise wieder gut schlafen zu können und nicht mehr so stark von den „inneren Objekten" vereinnahmt zu sein. Es heißt für mich aber auch, das „Nicht-überwinden-können" anzunehmen und bewusst damit zu leben.

Jeder Betroffene hat eine andere Vorstellung davon, was mit dem „Überwinden" oder „es schaffen" gemeint ist, denn jeder hat seine eigenen Behinderungen, Qualen und Träume. Ein Trauma zu überwinden kann bedeuten, dass die vorher namenlose Angst einen Namen bekommt, dass der vorher leere, sinnlose Schmerz zu etwas Lebendigem wird, mit dem ich innerlich etwas „machen" kann.

Im Geburtshaus erlernte ich damals die Technik des „Tönens", die man während des Wehenschmerzes einsetzen kann. Eine Frau beschrieb es einmal so:

„Bei meinem ersten Kind habe ich nur ziellos herumgeschrien und ich verlor mich. Bei meinem zweiten Kind, konnte ich mithilfe des Tönens den Schmerz kanalisieren. Ich konnte dem Schmerz eine Richtung geben." Die Hebamme sagte dazu auch: „Die Frau kann sich mithilfe des Tönens konzentrieren, sie kann über die Geburt meditieren und arbeiten."

Das ziellose Untergehen hört auf – durch das Tönen ist man verbunden mit dem Geschehen. Ähnlich erlebe ich auch die Psychoanalyse: Der Schmerz vergeht vielleicht nicht, aber er bekommt eine tiefe Bedeutung und wird gebunden. Der vorherige Terror wird abgemildert und der Schmerz wird verbunden mit dem Therapeuten und mit sich selbst. Die Einsamkeit vor der Analyse möchte ich mit nichts gegen die Einsamkeit nach der Analyse eintauschen.

Ein Trauma zu überwinden, heißt aus meiner Sicht aber besonders auch, resonant zu werden, sodass ich mich mit Kunst, Literatur, Natur und Musik wärmen kann und dass ich mich durch den warmherzigen Blick eines anderen Menschen trösten lassen kann. Zu Beginn einer Analyse sagen depressive Menschen manchmal: „Ich sehe zwar die Blume dort und weiß, dass sie schön ist. Aber ich kann es nicht fühlen." Nach der Analyse geht es oft sehr wohl – man kann sich wieder berühren lassen. Das ist vielleicht das wichtigste Merkmal der „Überwindung" eines Traumas. Vielleicht muss man es auch nicht „überwinden", sondern man kann es neben sich stellen und mit ihm in Verbindung bleiben.

Auch die Sehnsucht, sich vom Kampf mit dem inneren Täter zu befreien, gehört zu der Sehnsucht, das Trauma zu überwinden. Doch die Befreiung vom sogenannten „malignen Introjekt" ist nicht leicht – manchmal geht's und manchmal geht's nicht. Der Psychoanalytiker Peter Kutter (1930–2014) hat hierzu einmal etwas sehr Treffendes geschrieben:

„Ein malignes Introjekt, das mit negativer Energie aufgeladen ist, bedroht das Selbst existenziell [...] Das Selbst wehrt sich [...] verzweifelt gegen die

Übermacht des Introjekts und versucht, sich zu behaupten, kämpft um sein Überleben. Im günstigsten Fall siegt es, im ungünstigsten Fall kapituliert es, gibt auf und unterwirft sich. Ein Kompromiss wäre die anhaltende Auseinandersetzung zwischen den beteiligten Instanzen mit wechselndem Ausgang." (Kutter, 2001).

Ich finde diese Beschreibung sehr tröstlich, denn sie zeugt von einem tiefen Verstehen. Ich denke, dass ein Trauma zu haben bedeutet, sich ein Leben lang damit auseinanderzusetzen.

Ich sah einmal eine Dokumentation über eine Frau, deren Rücken im Vietnamkrieg verbrannt war. Sie lebte mit ihrem Partner zusammen und er ölte ihr regelmäßig den Rücken ein. Es ist ein schönes Sinnbild für den Umgang mit dem Trauma. Nicht mehr allein zu sein und jemanden zu haben, der mit einem zusammen die Verletzung berührt, kann auch zur „Überwindung" des Traumas gehören – ob es nun endlich ein Partner ist, ein vertrauter anderer Mensch oder ein einfühlsames, vielleicht sogar ebenfalls traumatisiertes Haustier: Wichtig ist, dass man es zulassen kann, sich gemeinsam der Verletzung zuzuwenden.

> Man kann etwas mit dem Trauma „machen", z. B. ein Buch schreiben, eine Selbsthilfegruppe gründen oder sich zu sportlichen Höchstleistungen aufschwingen. Man kann eine Meditationsform erlernen oder eine Kunst passioniert ausführen.

Etwas zu finden, was einen wortwörtlich erfüllt, sodass die innere Leere ein Möglichkeitsraum wird, kann die Einsamkeit lindern. Wer das Trauma in Kreativität verwandeln kann, der hat es „überwunden".

Vielleicht lässt sich nie der gewünschte „Abstand" finden. Immer wieder werden wir übermannt, immer wieder überkommt „es" uns. Wichtig ist es aus meiner Sicht jedoch, das Geschehene und Anhaftende wirklich in sein Leben einzuladen und nicht davor wegzulaufen. Das Inakzeptable, das Unauflösbare zu akzeptieren, das ist das Entscheidende im Leben mit dem Trauma. Man kann aus seinem Trauma eine Lebens-Meditation machen.

Was wir verdrängen und verleugnen, das kommt nur mit größerer Macht zu uns zurück. Manche Menschen flüchten sich in Alkohol oder Drogen, um den Terror in der inneren Welt auszuhalten. Ich finde es wichtig, einen anderen Menschen zu finden, der mit einem zusammen das Trauma – so weit möglich – verdauen kann. Das Gefühl, auf eine bestimmte Art nicht mehr allein mit dem Trauma zu sein, ist vielleicht das größte Geschenk, das man als traumatisierter Mensch erhalten kann.

Wenn nachträgliche Zeugen sich in das Geschehen von damals einfühlen können, ist es, als ob sich die Tür eines inneren Gefängnisses öffnet. Der Weg aus dem Trauma führt über das Sprechen, aber auch über das gemeinsame Schweigen. Oft müssen die Worte mühselig gefunden werden – manchmal lassen sie sich am besten in Liedern und Gedichten finden.

Auch muss sich der Betroffene sozusagen eine innere Erlaubnis geben, mit dem Trauma an andere heranzutreten, denn viele Betroffene haben die mehr oder weniger bewusste Vorstellung, sie würden den anderen zu sehr belasten oder sie würden die Eltern oder andere Täter verraten. Es besteht meistens eine merkwürdige Art von Loyalität zu den Tätern – vielleicht, weil der Betroffene die Not des Täters hinter der Tat so genau erspüren konnte.

> Ein Trauma zu überwinden heißt aus meiner Sicht auch, allen Gefühlen gegenüber offen zu sein und auch beobachten zu können, wenn man gerade wieder einmal übermannt wird. Es wird immer Phasen geben, in denen man vom traumatischen Erleben eingehüllt wird und Phasen, in denen man leicht Abstand findet.

Ich denke, dass dies mit dem Rhythmus des Lebens zu tun hat – gute und schlechte Zeiten wechseln sich ab wie Ein- und Ausatmung. Auch Weinen verläuft in Phasen, ebenso wie der Wechsel von „paranoid-schizoider und depressiver Position" in Beziehungen. Das heißt vereinfacht gesagt: Manchmal sind wir verstrickt mit dem anderen, halten ihn für böse, sind wütend auf ihn und dann können wir wieder mehr Abstand finden. Wir bereuen unser eigenes Verhalten und wollen es beim anderen wiedergutmachen.

Die buddhistische Nonne Puma Chorden erzählte von einem Satz, der ihr selbst gut half: „There is nothing wrong with negativity" – es ist nichts falsch an Negativität. Ein Trauma zu überwinden bedeutet eben auch, nicht mehr so zu kämpfen. Der ganze Kampf um positives Denken ist aus meiner Sicht meistens nicht gut. Nur wer in die Tiefe blickt, der wird auch wieder offen für Gefühle wie Glück, Leichtigkeit, Angstfreiheit, Zufriedenheit und Befriedigung.

Der Wechsel zwischen „Überwindung" und „Nicht-Überwindung" macht das Leben mit dem Trauma aus. Vielleicht kann niemand von sich behaupten, er hätte „es" überwunden – aber genauso gut kann auch vielleicht niemand sagen, dass er sich gar nicht weiterentwickelt hätte. Vieles begleitet uns bis zum Sterbebett. Das Trauma gehört zu unserem Leben und jeder Mensch hat seine ureigenen Traumata. Die permanente Auseinandersetzung damit ist eine permanente Auseinandersetzung mit dem Leben.

In dem Buch „Patanjali – Das Yogasutra. Einführung, Übersetzung und Erläuterung von R. Sriram" (2006) fand ich auf dem Buchcover einen Satz, der aus meiner Sicht genau trifft, worum es auch beim Trauma geht:

> „Was ist die zentrale Idee des Yogasutra? Nicht im Besiegen von Feinden oder in der aktiven Gestaltung dessen, was uns umgibt, liegt eine tiefe Lösung des Problems, wie das menschliche Leiden verringert werden kann, sondern in dem, was wir mit unserem Geist tun."

Das Wort „Leiden" leitet sich auch vom Wort „Reisen" ab, hörte ich einmal. Wer leidet, setzt sich intensiv mit Themen wie Ausgegrenztsein, Versagen, Scheitern, Aggression, Verlorensein, Verzweiflung, Einsamkeit, Trauer, Angst, Wut und Hass auseinander. Daher mag ich auch das Wort „Mitleiden", das von vielen heute gerne durch „Mitfühlen" ersetzt wird. Als ob das „Mitleiden" etwas Negatives wäre. Doch in der Psychoanalyse erfahre ich immer wieder, wie gerade das „Mitleiden" etwas sehr Heilsames hat. Ob geteiltes Leid zum halben oder doppeltem Leid wird, hängt aus meiner Sicht davon ab, ob der Zuhörer ein ähnliches Leiden kennt und sich damit auseinandergesetzt hat oder ob er es kennt und selbst noch davon überwältigt ist.

Die intensive Auseinandersetzung mit dem Trauma führt unweigerlich zu einer Weiterentwicklung und häufig zu einem großen inneren Reichtum. Die eigene Erfahrungswelt – so gerne man sie manchmal zerstören möchte – ist sehr reich, selbst wenn dieser Reichtum aus einem Gefühl der Kargheit und Leere besteht. Sich mit der Leere auszukennen, kann ebenfalls wertvoll sein. Durch die Wüste würde auch ich mich nur von einem erfahrenen Kenner führen lassen.

Ich habe oft das Gefühl, dass man von seinem Trauma geheilt sein kann, obwohl es noch da ist. Die Psychoanalyse kann zu diesem paradoxen Zustand führen.

Ein guter Bekannter von mir ging auf faszinierende Weise mit seiner Krebserkrankung um. Er fühlte sich gesund und zufrieden und sagte von sich: „Ich bin ein gesunder Krebskranker." Das hat mich sehr beeindruckt, als ich mich wenige Wochen vor seinem Tod von ihm verabschiedete.

Auch das psychische Trauma wird von vielen Betroffenen ebenso als etwas „Malignes" beschrieben. „Da ist was Böses in mir", sagen viele. Das gesamte Erleben scheint manchmal nur unter der Herrschaft des Traumas zu stehen. Mit einem Trauma zu leben, ist wie in einem Land zu leben, das häufig mit schweren Unwettern konfrontiert wird. Die Bewohner dieses Landes lernen, damit umzugehen – sie kennen die Anzeichen, mit denen sich ein Unwetter ankündigt, sie wissen, was zu tun und zu lassen ist. Und manchmal ist es das Beste, einfach abzuwarten.

TIPPS BEI TRAUMATISCHEN ANSPANNUNGEN

Wer an einer frühen, schweren Traumatisierung leidet, für den verläuft das Leben anders als für Menschen, die in mehr Geborgenheit und Liebe aufwuchsen. Das ständige Suchen und erneute Enttäuschtwerden ist für viele Betroffene eine große Last und sie fühlen sich erschöpft vom Leben. Für viele war ihr Trauma so schwer, dass sie jegliche „Tipps" wahrscheinlich nur lächerlich finden im Angesicht des Leids, das ihnen zugefügt wurde. Der Alltag ist für viele schwer zu bewältigen, doch wer mittendrin steckt, der muss weitermachen. Man kann vielleicht doch einige Dinge in sein Leben einbauen, die dazu führen, dass es sich hier und da etwas leichter anfühlt. Hier einige Anregungen:

1. Langsamer werden

Nehmen Sie die Geschwindigkeit aus Ihrem Alltag und aus allen Dingen, die Ihnen im täglichen Leben begegnen.

2. Yoga

Ein guter Weg zu einem Gefühl von mehr Geborgenheit in sich selbst ist aus meiner Sicht, mit Yoga im Einzelunterricht zu beginnen. Da Traumatisierten oftmals die Bewegungslosigkeit in der einfachen Meditation schwerfällt, finden viele im Yoga eine gute Lösung, weil es sozusagen „Meditation in Bewegung" ist. Auch hier fängt man sehr langsam an.

Das Ziel ist es, den eigenen Körper für sich zurückzugewinnen. Natürlich kann man sich in den Spagat drücken lassen und sich dehnen, bis die Muskeln schmerzen. Aber das haben Sie vielleicht schon zur Genüge erlebt: Sie wurden vielleicht oft mit Gewalt in etwas gepresst, was Sie gar nicht wollten. Der Trick ist zu lernen, permanent nur bis zur Schmerzgrenze zu gehen und nicht weiter – sowohl im Yoga als auch im Alltagsleben. Dies kann zur inneren Haltung werden: Wenn ich nicht über meine (Schmerz-)Grenze gehe, fühle ich mich insgesamt besser und die Wahrscheinlichkeit für Panikattacken oder dem Gefühl des Ausgebranntseins nimmt ab.

Wer vielleicht schon länger Yoga macht, der weiß, wie gut es tut, ein feineres Gespür für seinen Körper zu entwickeln. Durch die langsamen Bewegungen, die durch den Atem geführt werden, gelingt es im Laufe der Zeit immer besser, gezielt bestimmte Muskelgruppen zu entspannen, auf die man früher gar keinen Zugriff hatte.

So kann das Yoga mit der Zeit sogar zu einer Ganztagsübung werden. Wenn Sie Stress im Beruf haben, können Sie sich immer wieder zurück auf Ihren Körper besinnen. Sie können schon im Auto damit beginnen: Welche Muskeln spanne ich gerade an? Wie tief atme ich? Beobachten Sie Ihren Körper und versuchen Sie bewusst, sich zu entspannen. Wenn Sie sich Ihrem Arbeitsplatz nähern oder wenn Sie im Gespräch mit dem Vorgesetzten sind, können Sie dasselbe machen. Sie können lernen, immer bei sich zu bleiben und zu schauen, was Ihr Körper macht.

3. Konzentration auf eine Sache

Alles, was Sie fokussiert, kann bei Anspannung hilfreich sein: Jonglieren, Stricken, Kreuzworträtseln, Balancieren, Musizieren, Tanzen.

4. TRE-Methode

Ich habe inzwischen einige Patienten kennengelernt, die auf die TRE-Methode (Trauma and Tension Releasing Exercises nach David Berceli) schwören, bei der die Muskeln bewusst zum Zittern gebracht werden. Die TRE-Methode kann inzwischen in zahlreichen Kursen erlernt werden. Muskelzittern kann natürlich auch beim Yoga und bei allen anderen Sportarten auftreten und dort „kultiviert" werden.

5. Emotionale Verbindungen

Verbinden Sie sich emotional mit einer anderen Person. Sobald eine emotionale, verständnisvolle Verbindung zu einem anderen besteht, können eigene Ängste und Anspannungen nachlassen. Es klappt nicht immer gewollt, aber Sie können ja einmal beobachten, wie Sie sich in verschiedenen Gesprächen fühlen.

6. In „unbeschädigte" Körperstellen hineinfühlen

Finden Sie einen sicheren Ort in Ihrem Körper. Wenn Sie gedanklich durch Ihren Körper wandern, finden Sie Stellen, die Ihnen immer wieder Probleme machen: Der Magen drückt, der Hals wirkt wie zugeschnürt, das Herz rast, die Beinmuskeln schmerzen, das Kreuz tut weh, der Atem fühlt sich schwer an. Doch es kann sein, dass Sie eine oder mehrere Stellen in Ihrem Körper finden, von denen Sie sagen würden, dass sich diese ganz und gar unbeschädigt anfühlen. Sich mit diesen Stellen zu verbinden, z. B. indem man beim Ausatmen intensiv daran denkt oder den Atem gedanklich dorthin schickt, kann sich sehr entlastend anfühlen.

7. Die fünf Sinne einsetzen

Verbinden Sie sich mit der Außenwelt, nutzen Sie Ihre Sinne. Riechen Sie etwas, streicheln Sie ein Tier, spüren Sie den Atem vor Ihren Nasenlöchern, blinzeln Sie in die Sonne, vergegenwärtigen Sie sich den jetzigen Moment.

> All das kann jedoch unwirksam sein, wenn Sie sich gerade in Ihrem „Zustand" befinden. Dann kann das pure Wissen über die Zusammenhänge helfen, das Ihnen die Möglichkeit geben kann, den „Zustand" abzuwarten. Ganz wichtig dabei ist es, sich selbst nicht zu verlassen.

Wo auch immer Sie sich gerade auf Ihrer Reise befinden: Versuchen Sie, nicht wegzulaufen. Ob sie unter brutaler Einsamkeit, unter Familienlosigkeit, unter Heimweh, Sehnsüchten, Sinnlosigkeit, Todeswünschen oder quälenden Gedanken und Empfindungen leiden: Versuchen Sie, bei sich zu bleiben und hinzuschauen und hinzufühlen. Wenn Sie sich selbst haben – wie unangenehm und beängstigend es sich auch anfühlen mag – kann etwas daraus erwachsen. Beschäftigen Sie sich mit Mythen, Märchen und Gedichten, denn dort können Sie Worte für das Unaussprechliche finden.

Sobald Sie feststellen, dass Sie unter einer „namenlosen Angst" leiden, hat Ihre Angst einen Namen. Unterschätzen Sie dabei nicht die Heilkraft der Natur. Wenn gar nichts mehr geht, kann sie helfen. In Mozarts Requiem singen die zwei Geharnischten:

„Der, welcher wandelt diese Straße voll Beschwerden, wird rein durch Feuer, Wasser, Luft und Erden. Wenn er des Todes Schrecken überwinden kann, schwingt er sich aus der Erde Himmel an. Erleuchtet wird er dann im Stande sein, sich den Mysterien der Isis ganz zu weihn."

Es ist also noch nicht klar, ob „des Todes Schrecken" überwunden werden kann. Doch es ist möglich und wer es (immer wieder) schafft, der kann sich dann dem Leben widmen.

LITERATUR

Almqvist K and Broberg AG (2003): Young children traumatized by organized violence together with their mothers – The critical effects of damaged internal representations. Attachment & Human Development, Volume 5, 2003, Issue 4: Pages 367–380, https://doi.org/10.1080/1461673031000163347 https://www.tandfonline.com/doi/abs/10.1080/1461673031000163347

Améry J, (1966, Essay, erschienen 2014 in der „Zeit"): Folter. Die Tortur, https://www.zeit.de/2014/53/folter-auschwitz-buch-jean-amery/

Auszra L, Herrmann IR, Greenberg LS (2017): Emotionsfokussierte Therapie. Ein Praxismanual. Hogrefe Verlag GmbH & Co. KG, Göttingen

Balint M, (1979): The Basic Fault, 1–196. London / New York: Tavistock Publications

Beckedorf D, Müller F (2014): Enrico Caruso, Alfred Tomatis und die moderne Neurobiologie – prosoziales Hören, ruhiger Herzschlag und gelingende Kommunikation. Schweizerische Zeitschrift für Ganzheitsmedizin, 2014, 26:156–161, DOI: 10.1159/000362487, https://www.karger.com/Article/PDF/362487

Berceli D, (2015): Shake it off naturally. Reduce Stress, Anxiety, and Tension With (TRE). https://traumaprevention.com/store/shake-it-off-naturally-by-dr-david-berceli/

Bion WR, (1959): Attacks on Linking. International Journal of Psycho-Analysis, 40: 308–315

Bion WR, (1967): A theory of thinking. In: Second thoughts: Selected Papers on Psycho-Analysis. International Journal of Psychoanalysis 1970, 51: 563

Bisson J et al., (2013): Psychological therapies for chronic post-traumatic stress disorder (PTSD) in adults. Cochrane Systematic Review – Intervention Version published: 13 December 2013.
https://www.cochranelibrary.com/cdsr/doi/10.1002/14651858.CD003388.pub4/full https://doi.org/10.1002/14651858.CD003388.pub4

Borasio GD, (2014): Über das Sterben, dtv-Verlag
Bundespsychotherapeutenkammer (2011): Bewertung der EMDR als Methode im Rahmen von Einzelpsychotherapie bei Erwachsenen im Anwendungsbereich Posttraumatische Belastungsstörungen.
https://www.bptk.de/wp-content/uploads/2019/01/20110804_stn_bptk_emdr-1.pdf

DGPM, (2017): Die Augen müssen nicht wandern – EMDR-Traumatherapie funktioniert auch mit festem Fokus, Pressestelle der Deutschen Gesellschaft für Psychosomatische Medizin und Ärztliche Psychotherapie (DGPM) e.V., 30.03.2017, https://www.dgpm.de/de/presse/presse-informationen/presse-information/die-augen-muessen-nicht-wandern-emdr-traumatherapie-funktioniert-auch-mit-festem-fokus/

Dorman D, (2014): Im Film „Take these broken wings" von Daniel Mackler. Siehe auch Dorman D, (2011): Dante's Cure. A Journey out of Madness

Fanslow JL et al., (2007): Prevalence of child sexual abuse reported by a cross-sectional sample of New Zealand women. Child Abuse & Neglect, Volume 31, Issue 9, September 2007, Pages 935–945, https://doi.org/10.1016/j.chiabu.2007.02.009

Ferenczi S, (1934): Gedanken über das Trauma: Aus dem Nachlass von Sandor Ferenczi. Internationale Zeitschrift für Psychoanalyse, 20 (1): 5–12

Fernando J, (2009): The Processes Of Defense. Trauma, Drives, And Reality – A New Synthesis. Published by Jason Aronson. Rowman & Littlefield Publishers, 2009

Fischer G, Riedesser P, (2009): Lehrbuch der Psychotraumatologie. Ernst Reinhardt Verlag München Basel. 4. Auflage

Franz Matthias, (2008): Vom Affekt zum Gefühl und Mitgefühl. Zur entwicklungspsychologischen und neurobiologischen Bedeutung der teilnehmenden Spiegelung für die emotionale Entwicklung des Kindes. In: Franz M, West-Leuer B (Hrsg.): Bindung – Trauma – Prävention. Psychosozial-Verlag, Gießen, S. 15–38

Freud S, (1897): Brief an Fließ vom 21.9.1897, Sigmund-Freud-Museum Wien, https://www.freud-museum.at/online/freud/chronolg/1897-d.htm

Freud S, (1910): Über Psychoanalyse. Kapitel 1, https://gutenberg.spiegel.de/buch/uber-psychoanalyse-913/1

Freud S, (1910, „Psychosexuelle Entwicklung"): Über Psychoanalyse. Kapitel 4, https://gutenberg.spiegel.de/buch/uber-psychoanalyse-913/4

Freud S, (1916/1917): Vorlesungen zur Einführung in die Psychoanalyse. 18. Vorlesung. Die Fixierung an das Trauma, das Unbewusste. https://www.pep-web.org/document.php?id=gw.011.0282a

Freud S, (1923): Das Ich und das Es. https://www.projekt-gutenberg.org/freud/ichundes/ichundes.html

Freud S, (1933): Neue Folge der Vorlesungen zur Einführung in die Psychoanalyse, Kapitel 3: Die Zerlegung der psychischen Persönlichkeit

Goethe JW, (1808): Faust: Eine Tragödie. Reclam-Verlag 1971, nachzulesen auf https://gutenberg.spiegel.de/buch/faust-eine-tragodie-3664/4

Grunert BK, Weis JM, Smucker MR, Christianson HF, (2007): Imagery rescripting and reprocessing therapy (IRRT) after failed prolonged exposure for post-traumatic stress disorder following industrial injury. Journal of Behavior Therapy and Experimental Psychiatry, Volume 38, Issue 4, December 2007, Pages 317–328, https://doi.org/10.1016/j.jbtep.2007.10.005 https://www.sciencedirect.com/science/article/pii/S0005791607000663

Kaplow JB and Widom CS, (2007): Age of onset of child maltreatment predicts long-term mental health outcomes. Journal of Abnormal Psychology, 116 (1), 176–187. https://doi.org/10.1037/0021-843X.116.1.176

Karon B, VandenBos GR, (2004): Psychotherapy of Schizophrenia. First Rowman & Littlefield Edition

Kawachi I et al., (1994): Symptoms of anxiety and risk of coronary heart disease. The Normative Aging Study. Circulation. 1994; 90: 2225–2229. doi: 10.1161/01.CIR.90.5.2225, http://circ.ahajournals.org/content/90/5/2225.short

Kutter P, (2001): Affekt und Körper: Neue Akzente der Psychoanalyse. Vandenhoeck & Ruprecht, Göttingen 2001: S. 149

Leuzinger-Bohleber M, (2015): Finding the Body in the Mind. Embodied Memories, Trauma and Depression. Chapter 3: The relevance of the embodiment concept for psychoanalysis. https://doi.org/10.4324/9780429474781

Levine P, (2018): Sprache ohne Worte. Wie unser Körper Trauma verarbeitet und uns in die innere Balance zurückführt. Kösel-Verlag 2011, 9. Auflage, 2018

Mackler D, (2014): Take these broken wings. Healing from Schizophrenia without Medication, https://youtu.be/EPfKc-TknWU

Marx S, (2010): Klopfen befreit. EFT klar und verständlich. VAK Verlags GmbH, Kirchzarten, 3. Auflage, 2010

Mazarweh G, (2015): „Arabische Gesellschaften sind vaterlos." In einem Beitrag von Ariane von Dewitz, Deutschlandfunk Kultur, 28.10.2015, https://www.deutschlandfunkkultur.de/gehad-mazarweh-arabische-gesellschaften-sind-vaterlos.2165.de.html?dram:article_id=335191

Mozart WA, (1791), Requiem in d-Moll (Köchel-Verzeichnis 626): Die zwei Geharnischten

Müller S, (2013): Wilhelm Reich: Im Bann des Orgon. Die Zeit, 3.1.2013

Patañjali, Sriram R, (2006): Das Yogasutra. Von der Erkenntnis zur Befreiung. Einführung, Übersetzung und Erläuterung von R. Sriram. Theseus in Kamphausen Media GmbH, Bielefeld

Plunkett A et al., (2001): Suicide Risk Following Child Sexual Abuse. Ambulatory Pediatrics, Volume 1, Issue 5, September–October 2001, Pages 262–266

Quinodoz D, (2011): Worte, die berühren. Brandes & Apsel

Quinodoz JM, (2011): Freud lesen, Psychosozial-Verlag: S. 49

Reddemann L, (2019): Imagination als heilsame Kraft. Klett-Cotta, 21. Druckauflage, 2019

Rima M, (2015): Nebenwirkungen von Pillen und Zäpfchen. https://youtu.be/FrOaFwb4h4M

Roediger E, (Datum unbekannt): Schematherapie bei Missbrauchserfahrungen. Vortrag am Institut für Schematherapie Frankfurt, http://www.orphea.info/pdf/VORTRAG_WSRoediger.pdf

Sack M et al., (2016): A Comparison of Dual Attention, Eye Movements, and Exposure Only during Eye Movement Desensitization and Reprocessing for Posttraumatic Stress Disorder: Results from a Randomized Clinical Trial Psychother Psychosom 2016;85:357-365 DOI: 10.1159/000447671

Searles HF, (2008): Der psychoanalytische Beitrag zur Schizophrenieforschung. Psychosozial-Verlag

Shapiro F, (2018): Frei werden von der Vergangenheit. Traumaselbsthilfe nach der EMDR-Methode. Kösel-Verlag, 3. Auflage

Shorter E, (2017) History of Urban Mental Illness. In: Okkels N., Kristiansen C., Munk-Jørgensen P. (eds) Mental Health and Illness in the City. Mental Health and Illness Worldwide. Springer, Singapore, DOI https://doi.org/10.1007/978-981-10-2327-9_18

Smoller J et al., (2007): Panic Attacks and Risk of Incident Cardiovascular Events Among Postmenopausal Women. Archives of General Psychiatry 2007, http://archpsyc.ama-assn.org/cgi/content/abstract/64/10/1153

St. Galler Tagblatt, (2016): Der syrische Klaviervirtuose. Geschrieben von Christoph Reichmuth.

Tischner H, (2019): Traumatische Träume. Sprachecke in den Echo-Zeitungen. https://www.heinrich-tischner.de/22-sp/9sp-ecke/artikel/201/2014/14-02-18.htm

Tyrka AR et al., (2010): Childhood Maltreatment and Telomere Shortening: Preliminary Support for an Effect of Early Stress on Cellular Aging. Biological Psychiatry, Volume 67, Issue 6, 15 March 2010, Pages 531–534, https://doi.org/10.1016/j.biopsych.2009.08.014 https://www.sciencedirect.com/science/article/abs/pii/S0006322309010130

Van der Kolk, (2019): The Body Keeps the Score: Brain, Mind, and Body in the Healing of Trauma. YouTube, abgerufen am 24.11.2019: https://youtu.be/53RX2ESlqsM (Min. 28–30)

Walters K et al., (2008): Panic disorder and risk of new onset coronary heart disease, acute myocardial infarction, and cardiac mortality. European Heart Journal, October 2008, https://www.ncbi.nlm.nih.gov/pubmed/18948354

Watts A, (YouTube 2017): Be Comfortable Under Any Circumstances vom 19.12.2017, ab Minute 42, https://youtu.be/wPOsUYA1Auc

Wurmser L, (2013): Urscham und tragischer Teufelskreis, Vortrag vom 22.5.2013. https://youtu.be/cERsvH-kyxw

Wurmser L, (2013): Der Konflikt und die Freiheit. Interview auf YouTube, youtu.be/-0mT1SpB7Ok

Young JE, Klosko J, Weishaar ME, (2005): Schematherapie: Ein praxisorientiertes Handbuch. Junfermann Verlag, Paderborn.

Die Zeit, (2014): Folter: Es ist noch immer nicht vorbei. Die Tortur. Die Zeit Online, Jahrgang 2014, Ausgabe 53.
https://www.zeit.de/2014/53/folter-auschwitz-buch-jean-amery/seite-3